Zu diesem Buch

»Die Erkenntnisse, die wir ihm verdanken, sind vielfältig. Man kann nach seinem Wirken die Antike nicht mehr so sehen wie zuvor« – aus diesen Sätzen seines deutschen Fachkollegen Christian Meier spricht die ganz außergewöhnliche Wertschätzung, mit der die Historiker auf das Lebenswerk von Finley geantwortet haben. Er war der große Anreger und Repräsentant der Alten Geschichte, unbequem, einfallsreich, streitbar, ein hervorragender Kenner der kulturellen, politischen und wirtschaftlichen Quellen der Antike, insbesondere der griechischen Welt. Weit über die Grenzen der Zunft hinaus wurde sein Votum gehört und ernstgenommen, haben seine Schriften sachlich und methodisch an eingeschliffenen Denkgewohnheiten gerüttelt und den laufenden Interpretationsbeliebigkeiten neue Ideen und Zweifel eingepflanzt.

Der Band, der hier dem deutschen Leser vorgestellt wird, enthält Finleys wichtigste Studien zur Geschichtsphilosophie und zur Methode geschichtlichen Verstehens. Er ist sozusagen sein Theorietestament geworden. Im Vordergrund stehen Fragen nach den Möglichkeiten historischer Erkenntnis, nach der Lektüre der Quellen, nach dem Kombinationsvermögen geschichtswissenschaftlicher Forschungsstrategien, kurz nach der Arbeitsweise dessen, der in die Vergangenheit blickt, in ihr liest, sie zu begreifen und zu deuten versucht. Es sind diese Fragen, die verhindern, daß die Geschichtsschreibung in ihren eigenen Klischees erstarrt, daß der Historiker jemals behauptet zu wissen, wie es »wirklich gewesen ist«. Die Wissenschaft von der Geschichte lebt von dem Bewußtsein ihrer eigenen Geschichtlichkeit.

Der Autor

Moses I. Finley, am 20. 5. 1912 in New York geboren, ab 1955 Professor für Alte Geschichte in Cambridge, 1979 geadelt, hat sich insbesondere durch seine sozialgeschichtlichen Studien zur Antike einen Namen gemacht. Seine Bücher *Die antike Wirtschaft, Die Sklaverei in der Antike, Antike und moderne Demokratie* sind längst zu Klassikern geworden. Finley ist im Juni 1986 gestorben.

MOSES I. FINLEY

Quellen und Modelle in der Alten Geschichte

Aus dem Englischen
von Wilfried Nippel
und Andreas Wittenburg

FISCHER TASCHENBUCH VERLAG

FISCHER WISSENSCHAFT

Deutsche Erstausgabe
Veröffentlicht im Fischer Taschenbuch Verlag GmbH
Frankfurt am Main, Juni 1987

Titel der englischen Originalausgabe:
Ancient History. Evidence and Models
© 1985 by Chatto & Windus, London
Für die deutsche Ausgabe:
© 1987 Fischer Taschenbuch Verlag GmbH, Frankfurt am Main
Umschlaggestaltung: Jan Buchholz/Reni Hinsch
Gesamtherstellung: Wagner GmbH, Nördlingen
Printed in Germany
1680-ISBN-3-596-27373-0

Inhalt

Für
Peter Garnsey
und
Dick Whittaker

Vorwort

Dieses Buch handelt von dem Studium und dem Verstehen der Geschichte der Griechen und Römer; von den Quellen, die dem Historiker zur Verfügung stehen, und den engen Grenzen, die sie ihm setzen; von den Methoden der Historiker, die mit diesen Quellen umgehen, und von möglichen alternativen Verfahrensweisen; kurz und gut, es handelt von dem, was wir wissen können, und von dem, was wir vermutlich niemals wissen werden.

Ein halbes Jahrhundert lang habe ich an Universitäten in den Vereinigten Staaten und England Studenten in Alter Geschichte unterrichtet. Natürlich habe ich mir über die Art dieser Tätigkeit meine Gedanken gemacht, und in den letzten Jahren habe ich diese Gedanken in einigen Aufsätzen zu Papier gebracht. In diesem Buch habe ich sie zum ersten Mal systematisch zusammengestellt. Die Gelegenheit dazu bot die Reihe der Vorlesungen, die ich im November 1983 als J. H. Gray Lectures auf Einladung der Fakultät für Altertumswissenschaft der Universität Cambridge gehalten habe. Die Kapitel 2, 4 und 5 sind überarbeitete Fassungen dieser Vorlesungen, und ich habe ihnen drei weitere Kapitel hinzugefügt, die bei anderer Gelegenheit entstanden sind. Das Kapitel 5 habe ich auch auf deutsch an den Universitäten Basel und München (dort zusammen mit Kapitel 4) vorgetragen und auf italienisch beim Istituto Gramsci in Rom und an der Universität Pisa, alles im Jahre 1984.

Meinen Gastgebern in Cambridge und im Ausland möchte ich sehr danken für ihr freundliches Entgegenkommen während der Vorbereitungen zu meinen Vorträgen. Ich habe auch einer Reihe von Freunden zu danken, die Teile des Manuskripts gelesen oder in anderer Weise geholfen haben: in Cambridge John Cartledge, John Crook, Peter Garnsey, Garry Runciman und Dick Whittaker; Tony Andrewes in Oxford; Jürgen von Ungern-Sternberg in

Basel; Wilfried Nippel und Andreas Wittenburg in München;
Nino Ampolo und Pino Pucci in Rom; Riccardo di Donato in Pisa.
Und wie bei allen Büchern, die ich in den letzten mehr als dreißig
Jahren geschrieben habe, danke ich meiner Frau von neuem für
ihre Ermutigung und ihre Geduld.

Darwin College, Cambridge   M. I. F.

I. ›Fortschritt‹ in der Geschichtsschreibung[1]

In einem Buch darüber, wie man Geschichte schreiben sollte – einem außerordentlich klugen und geistreichen Essay, das einen ziemlichen Eklat produzierte, als es 1971 erschien – hat Paul Veyne geschrieben, daß »Thukydides etwas gelernt haben würde, hätte er gelesen, was Burckhardt und Nilsson über seine eigene Zivilisation und Religion geschrieben haben. Hätte er selbst versucht, diese Themen zu erörtern, wären seine Sätze wesentlich dürftiger ausgefallen als unsere.«[2] Die eigenartige Zusammenstellung von Burckhardt und Nilsson, ähnlich eigenartig wie die Verbindung von Max Weber (oder gar Arnold Toynbee) und Langers *Encyclopaedia of World History,* läßt Zweifel aufkommen. Dem zweifelhaften Beispiel liegt indes eine wichtige Doktrin zugrunde, nämlich die Ansicht Benedetto Croces, daß, wie Veyne es formuliert,

»die Einsicht in die Geschichte von der Zeit der Griechen bis auf unsere Tage reicher geworden ist; es ist zwar nicht so, daß wir die Prinzipien und Ziele menschlichen Handelns erkannt haben, aber wir besitzen inzwischen eine sehr viel größere Sammlung von Beispielen solchen Handelns. Das ist der einzige Fortschritt, den die Geschichtsschreibung machen kann« – der Fortschritt auf seiten »der einfachen Schilderung ohne Methode«.[3]

An anderer Stelle spricht Veyne vom »Instrumentarium«, von der »Palette« des Historikers, und von neuem von der »Konzeptualisierung«. »Herodot und Thukydides verfügten über alle notwendigen Fakten, um eine Sozialgeschichte oder Geschichte der Religion zu begründen […], die sie aber nicht begründet haben. War es das ›intellektuelle Instrumentarium‹, das ihnen fehlte?«[4]
In der einen oder anderen Formulierung wird wohl, denke ich, diese Doktrin von Croce und Veyne breite Zustimmung unter Historikern finden, wobei zweifelsohne eine stärkere Betonung auf die technische Verbesserungen historischen Arbeitens gelegt

werden wird. Was daraus folgt, wird jedoch nicht deutlich ausgesprochen, vielleicht sogar nicht einmal voll erkannt. Historiker sind wie die Angehörigen anderer Berufe (wenn es denn erlaubt sei, ihre Tätigkeit so zu bezeichnen) wenig geneigt, sich selbst und ihre Tätigkeit zu analysieren. Das überlassen sie den Philosophen, deren Bemühungen sie dann als unverständig oder unerheblich oder als beides abqualifizieren. In diesem Buch wird sich des öfteren Gelegenheit ergeben, die Folgen zu betrachten.[5]

»Es ist evident,« hat man mir einmal gesagt, »daß das gesamte Gebiet der Sozialgeschichte« – zum Beispiel – »in den letzten Jahrzehnten eine weitgehende Wandlung erfahren hat«. Ist das für den Bereich der Alten Geschichte wirklich wahr? In verschiedener Hinsicht ganz sicher:

1. Die Menge der Daten, einfach die Anzahl bekannter Fakten, nimmt angesichts der Entdeckung und Publikation immer neuer, bisher unbekannter Inschriften, Papyri, Münzen und gelegentlich auch literarischer Texte und angesichts der noch immer wachsenden archäologischen Grabungstätigkeit von Tag zu Tag zu.

2. Die technische Verarbeitung verbessert sich stetig durch die Anwendung moderner wissenschaftlicher Methoden in der Archäologie, durch den Gebrauch von Computern zur Erstellung von Lexika usw. Wir können heute Zeugnisse und Texte mit einer Genauigkeit datieren, die weder Thukydides noch Burckhardt erreichen konnten, und wir können die Wortwahl, Phraseologie und Syntax des Thukydides so klar analysieren und darstellen, wie er es sich nicht hätte träumen lassen.

Man kann jedoch nur im naivsten Sinne behaupten, daß das ›gesamte Gebiet‹ der Sozialgeschichte (oder der politischen Geschichte oder der Geschichte der Religion) eine ›weitgehende Wandlung‹ durch verbesserte Techniken oder durch eine größere Menge von Fakten oder durch beides erfahren habe. Thukydides würde tausende von Fakten über seine eigene Religion aus den Büchern Martin Nilssons gelernt haben, aber es ist zu bezweifeln, daß er aufgrunddessen seine Ansichten über den Stellenwert der Religion in der Geschichte wesentlich geändert haben würde, und es ist heftigst zu bestreiten, daß seine Sätze wesentlich ›dürftiger‹ ausgefallen wären als die Nilssons zu diesem Thema. Was könnte dürftiger sein als folgende charakteristische Verallgemeinerungen

Nilssons: »Die Entwicklung der Religion ist durch die Massen bestimmt«; »es ist nur natürlich, daß Frauen sich an Gottheiten ihres eigenen Geschlechts wenden«; Erörterungen der Religion durch die Sophisten gehören in den Bereich der »Philosophie und können in einer Abhandlung über Volksglauben keine Beachtung finden«?[6]

3. Jeder Historiker lebt notwendigerweise in Unkenntnis dessen, was nach seiner Zeit geschieht. Daher hat jeder Historiker, auch der mittelmäßigste, größere ›historische Erfahrung‹ als seine Vorgänger, wie außerordentlich sie auch immer gewesen sein mögen. Das ist eine Binsenweisheit, aber sie ist nichtsdestotrotz wichtig. Wichtig daran ist nicht die banale Feststellung, daß im Verlauf ›historischer Erfahrung‹ neue Institutionen geboren werden und daher ein Grieche des 5. Jahrhunderts v. Chr. die Webersche Definition der Bürokratie nicht hätte formulieren können; wichtig daran ist vielmehr, daß spätere Erfahrung eine Bewertung älterer Institutionen im Rahmen ihrer eigenen Zeit und ihres Umfelds ermöglicht und anregt. Hätte Thukydides die Geschichte der römischen und späteren Religionen gekannt, so hätte er zwar sicher an seiner Verachtung für Orakel und für deren Verkünder festgehalten, aber er hätte vielleicht die Rolle der religiösen Institutionen anders und ausführlicher abgehandelt (der religiösen Institutionen, möchte ich sogleich hinzufügen, und nicht der Götter). Mit anderen Worten, Burckhardt hätte vielleicht Thukydides Einschätzung der eigenen Religion beeinflussen können, aber nicht Nilsson. Tiefblickendes Verständnis ist ein notwendiges Instrument des Historikers und nicht etwas, worüber man sich auf seine Kosten einfach lustigmachen kann.

4. Eine Folge größerer historischer Erfahrung ist ein Wandel, oder zumindest die Möglichkeit eines Wandels in der Akzentsetzung und in der Erarbeitung von Erklärungsmodellen. Burckhardts scharfsinnige ›Entdeckung‹ war die zentrale Rolle des *agon* im Leben der Griechen (ein unübersetzbares Wort, das normalerweise durch die blassen Worte ›Kampf‹ oder ›Wettkampf‹ wiedergegeben wird, die beide den tieferen Sinn nicht auf dieselbe Weise erschließen wie etwa das von ›agon‹ abgeleitete Wort ›Agonie‹). Ich setze ›Entdeckung‹ in Anführungsstriche, denn alle denkenden Griechen wußten das einfach deshalb, weil der *agon* in den anderen Kulturen, mit denen sie in Kontakt standen, keine Rolle spielte; als Beleg kann man Herodots Bemerkungen über Ägypten (2,91) oder den *Anarchasis* des Lukian anführen. Aber kein Grieche sprach dem *agon* dieselbe zentrale Rolle zu, die er in Burckhardts *Griechischer Kulturgeschichte* einnimmt.

Mehr als eine Generation liegt zwischen Burckhardt und Nilsson, doch wenn ich es richtig einschätze, ist der ›Wandel‹ in diesem Fall ein Rückschritt. Aber das ist noch nicht alles. Kaum ein Althistoriker liest heute die *Griechische Kulturgeschichte* (oder wenn sie es tun, geben sie es nicht zu erkennen), geradezu als ob das bekannte vernichtende Urteil, das Wilamowitz ausgesprochen hat – »daß es für die Wissenschaft nicht existiert«[7] –, ein unumstößliches Gesetz sei. Nilsson hingegen wird als die größte Autorität auf dem Gebiet der griechischen Religion gefeiert; die Anzahl der Anmerkungen in den meisten Büchern zu diesem Thema belegen überdeutlich seinen großen Einfluß. Nicht einmal der schärfste Kritiker Burckhardts kann behaupten, daß hier ein vertretbares Verhältnis zwischen intellektueller Fähigkeit und professionellem Ansehen besteht. Etwas viel Grundlegenderes spielt dabei eine Rolle – etwas Grundlegenderes in bezug auf Natur und Bedingtheit der Geschichtsschreibung, das nicht allein für diese beiden Historiker gilt.

Ein komplizierteres Beispiel ist Theodor Mommsen, dem in seiner eigenen Zeit und bis heute unumstrittenen ›Meister‹ der römischen Geschichte. Im Jahre 1902 hat er den Nobelpreis für Literatur erhalten, und der Hauptgrund dafür war seine mehrbändige *Römische Geschichte*, ein Frühwerk, das seit seinem Erscheinen in Spezialistenkreisen ein bestenfalls geteiltes Echo gefunden hat. Die »starke Resonanz in weiten Bevölkerungskreisen« war von »unwirscher Ablehnung durch viele Kollegen« begleitet.[8] In unseren Tagen hat ein bekannter Althistoriker einmal erklärt, Mommsens *Römische Geschichte* gebe dem Leser »so manche Rätsel« auf, da sie ihn »zugleich in zwei Vergangenheiten« einführe, »in die Zeit der Römer und in die Epoche der politischen Kämpfe des 19. Jahrhunderts«. So schreibt Hermann Bengtson in dem kurzen einleitenden Kapitel zu seinem eigenen *Grundriß der Römischen Geschichte*, erschienen erstmals 1967 in der angesehenen Reihe des ›Handbuchs der Altertumswissenschaften‹, dessen Herausgeber er selber viele Jahre war und die über ein Jahrhundert als maßgebliche Zusammenfassung des Wissensstandes auf allen Gebieten der klassischen Studien galt (die Bezeichnung ›Handbuch‹ legt das auch nahe). Besser zwei Vergangenheiten als keine, ist man versucht zu entgegnen, aber ich will mich ohne weitere Diskussion in der Hoffnung wiegen, daß der Positivismus von der Art Bengtsons mit seiner Entschlossenheit, sich auf Fakten zu beschränken und auf sonst nichts, in seinem 20. Jahrhundert weniger tief verwurzelt ist als Mommsens ›Politische Pädagogik‹ im 19. Jahrhundert.[9] Allein schon dadurch, daß man Einzelheiten Raum gibt, daß man, was unausrottbar scheint, die Abfolge der Kaiser als Gerüst für die römische Geschichte nach Ende der Republik hernimmt, daß man sich über weite Bereiche menschlichen Verhaltens ausschweigt, zeigt sich deutlich, daß ›Objektivität‹, die Losgelöstheit von ›subjektiven Wertungen‹ reine Illusion ist. Das nackte Gerüst historischen Erzählens, die Auswahl und Anordnung der Ereignisse in einer zeitlichen Abfolge setzt bereits eine Wertung (oder Wertungen) voraus.

Das Studieren und Schreiben von Geschichte ist, kurz gesagt, eine Art Ideologie. Diese nüchterne Feststellung wird schockieren, und ich muß wohl erklären, wie ich das meine. Ich spreche von Ideologie weder im Sinne einer Doktrin (der Marxschen z. B. oder der Mannheims), noch im üblichen Sinne einer Legitimation und Untermauerung eines Systems oder einer Institution (›die Ideologie des Augustus‹) – beide Bedeutungen finden in der historischen Literatur Verwendung –, sondern ich spreche vielmehr von Ideologie im weitesten, ›neutralen‹ Sinne, sowie sie etwa im *Shorter Oxford English Dictionary* definiert wird: »ein System von Ideen in bezug auf die Erscheinungen, insbesondere die des gesellschaftlichen Lebens; eine Denkweise, die für eine Klasse oder ein Individuum charakteristisch ist.« Ich setze also die Ideologie der Historiker, zumindest der meisten von ihnen, nicht gleich mit den groben politisch motivierten Verdrehungen, Fälschungen und Auslassungen, die bezeichnend waren für das, was in der Mussolini-Ära als italienische Geschichte galt, oder dafür, wie Trotzki aus der sowjetischen Geschichtsschreibung verbannt wurde.

Wenn all das richtig ist, dann ist die Antwort auf die Frage: Können wir von Fortschritt in der Geschichtsschreibung sprechen, und wenn ja, in welchem Sinne, im wesentlichen klar. Ideologien kommen und gehen, und so unterliegt das Schreiben von Geschichte einem stetigen ›Wandel‹. Das ist immer so gewesen: für die Antike braucht man nur an die Reihe Herodot-Thukydides-Polybios-Livius-Tacitus-Dio Cassius zu denken. Aber Fortschritt festzustellen ist ein Werturteil, das in diesem Falle auf der Beurteilung der Ideologie eines Geschichtsschreibers beruht. Wenn man es z. B. für verfehlt hält, die Ursachen des Verhaltens einer Gesellschaft hauptsächlich in den großen Persönlichkeiten und den Entscheidungen politischer und militärischer Eliten zu suchen, dann repräsentieren die anders aufgebauten Untersuchungen und Erklärungen mancher heutiger Geschichtsforscher einen Fortschritt. Bessere Techniken sind in diesem Zusammenhang wohl nebensächlich. Und weitgehend nebensächlich ist auch die Unterscheidung von erzählender Geschichte und anderen Arten der Darstellung, ob sie nun strukturell oder seriell oder quantitativ oder cliometrisch genannt werden. Das ist entweder eine technische Frage oder bedeutet nur eine Konzentration auf bestimmte Formen, weil sie sich für neue raffinierte Methoden eignen.

Professionalismus um seiner selbst willen, der Kult der Forschung, ist auch eine Form von Ideologie. Wenn nichts anderes, wenn keine neue ›Theorie‹ hinzukommt, dann ist kein Fortschritt in der ernsthaften Beschäftigung mit der Vergangenheit erreicht und grundlegende Veränderungen werden nicht sichtbar gemacht. Alles wird rein zufällig. Die Grundhaltung könnte man als modifizierten Panglossismus bezeichnen: jeder Wandel ist Wandel zum Schlechteren in der besten aller möglichen Welten, ausgenommen nur der Wandel in der Technik des Historikers selbst: Fortschritt in ›der einfachen Schilderung ohne Methode‹.

Es ist deutlich geworden, daß ich an einem ziemlich altmodischen Konzept von Geschichte festhalte, nämlich von Geschichte als einer systematischen Darstellung über einen hinreichend langen Zeitraum, der es erlaubt, nicht nur Beziehungen und Verbindungen, Ursachen und Folgen festzustellen, sondern auch ermöglicht zu zeigen, wie und warum Wandel geschieht. Der These, daß die alte Unterscheidung zwischen antiquarischer und historischer Forschung nicht mehr existiert, daß eine »neue Vorstellung« von der Entwicklung der Menschheit in der heutigen Praxis »wenig Raum gelassen hat für eine rein beschreibende Darstellung der Vergangenheit«,[10] kann ich leider nicht beipflichten. Ich kann es nicht richtig finden, wenn z. B. der Verfasser einer großangelegten »historischen Untersuchung« über die Regierungstätigkeit der römischen Kaiser sich rühmt, er habe »die Darbietung des Quellenmaterials aus der römischen Kaiserzeit nicht mit Konzepten aus allgemeineren soziologischen Untersuchungen belastet«.[11] Das ist eine Beschreibung dessen, was Momigliano »die Mentalität des Antiquars mit ihrer Liebe zu Klassifizierung und belanglosen Details« genannt hat. Eine historische Untersuchung ist eine Zusammenstellung von Antworten auf Fragen. Die Quellen stellen nicht die Fragen. Die stellt der Historiker selbst, und heutzutage verfügt er über ein angemessenes Arsenal von Konzepten zur Erstellung von Hypothesen und Modellen.

II. Der Althistoriker und seine Quellen[1]

In einem Überblick über die Quellen zur sozialen Organisation in Mesopotamien beginnt Joan Oates ihr zweites Kapitel über die Zeit von ungefähr 3100 v. Chr. an mit folgender lapidarer Feststellung: »Unsere Kenntnis von der sozialen Struktur in Mesopotamien nimmt mit der Erfindung der Schrift zu.«[2] Jeder, der nicht mit dem Thema vertraut ist, ist dann schockiert zu entdecken, daß diese Zunahme an Information nicht einhellig begrüßt wird, zumindest nicht in den letzten 10 oder 20 Jahren nach dem Aufkommen der ›Neuen Archäologie‹. Jene schönen Tage sind vorbei, da die Erforscher der Geschichte des Altertums (sei es des Alten Orients oder der griechisch-römischen Welt) aus der Archäologie eine bescheidene Hilfswissenschaft machen konnten, die anschauliches Material zum Alltag und zur Kunst bereitstellte und damit ermöglichte, die ›wahre‹ Geschichte, die sich aus den schriftlichen Quellen ergab, ein wenig auszuschmücken. Heute muß der Althistoriker zur Kenntnis nehmen, daß sein Arsenal Quellen unterschiedlicher Qualität enthält, die sich häufig widersprechen oder zumindest nicht miteinander in Beziehung zu stehen scheinen.

Was tun? Es scheint mir, daß Natur und Gebrauch von Quellen zum Altertum heute mehr und entschiedener diskutiert werden als je zuvor. Zum Teil ist das eine Folge des sprunghaften Anwachsens der Menge an zur Verfügung stehendem archäologischen Material und der Anzahl von Veröffentlichungen auf dem Gebiet der Altertumswissenschaft im ganzen; und zum Teil spiegelte diese Tendenz auch neue Wege im Studium der Geschichte wider, neue Interessen und die Formulierung neuer Fragen. Grundsätzlich ist diese Diskussion sehr zu begrüßen, wenn sich auch in der Praxis manches davon anhört wie Abgrenzungsversuche von Einzelgewerkschaften.

Ich will mit einem Punkt beginnen, der so elementar ist, daß er fast wie ein Gemeinplatz erscheint. Momigliano hat das folgendermaßen formuliert, als er über literarische, nicht-dokumentarische Quellen schrieb:

»Die gesamte moderne Methode der historischen Forschung beruht auf der Unterscheidung zwischen Primär- und Sekundärquellen. [...] Wir loben und schätzen unmittelbare Zeugen – oder Primärquellen –, wenn sie sich verläßlich zeigen, nicht zeitgenössische Geschichtsschreiber hingegen – oder Sekundärquellen – loben wir, wenn sie gesundes Urteilsvermögen zeigen bei der Interpretation und Bewertung der Primärquellen. Diese Unterscheidung [...] wurde erst im späten 17. Jahrhundert Allgemeingut der historischen Forschung.«[3]

Der letzte Satz ist problematisch: nicht nur Historiker im Mittelalter und in der Neuzeit vor dem 18. Jahrhundert machten kaum einen Unterschied zwischen Primärquellen und Sekundärquellen, sondern ebensowenig die Geschichtsschreiber des Altertums. Einige wenige, vor allem Herodot und Thukydides, unterschieden zwischen Berichten von Augenzeugen, die sorgfältig einvernommen werden konnten, und allen späteren Zeugnissen, die einer solchen persönlichen Kontrolle entzogen waren,[4] doch haben sie keine Techniken der Quellenkritik entwickelt oder zufriedenstellende Wege gefunden, mit den Sekundärquellen umzugehen. Natürlich hätte jeder Dummkopf zwischen Primär- und Sekundärquellen unterscheiden können, und auch zwischen einem umsichtigen Autor und einem Scharlatan; und die meisten Geschichtsschreiber des Altertums, selbst die weniger guten, waren durchaus keine Dummköpfe. Dennoch zitieren ein Livius und ein Plutarch seitenlang frühere Berichte, die sie niemals überprüft hatten oder auch nur versucht hatten zu überprüfen. Das lag nicht an mangelnder Intelligenz, sondern an etwas anderem, was am Ende wohl auf eine im Vergleich zu unserer von Grund auf anderen Vorstellung von Natur und Ziel historischen Arbeitens hinausläuft. Allein Thukydides gibt eindeutig und klar zu erkennen, daß da ein Dilemma besteht, und er löst es auf die unbefriedigende Weise, indem er seinen Verzicht auf die Beschäftigung mit den seiner Zeit vorausgehenden Epochen erklärt.[5]

Der neuzeitliche Erforscher des Altertums kann nicht einfach die Methoden der antiken Historiker übernehmen. Er kann nicht eine Geschichte Roms schreiben, indem er einfach das Latein des Livius ebenso in eine moderne Sprache überträgt, wie Livius den Polybios paraphrasiert oder sein Griechisch übersetzt hatte. Die Erkenntnis, die am Ende des 17. Jahrhunderts »zum Allgemeingut der historischen Forschung« geworden war, hat dieses Vorgehen unmöglich gemacht. Doch hat diese Erkenntnis, wie man hinzufügen muß, der Praxis keinen Abbruch getan, Livius und all die anderen ›retten‹ zu wollen, indem man ihre Schilderungen, statt sie zu wiederholen oder zu paraphrasieren, einfach umarbeitete; diese Umarbeitungen liefen am Ende darauf hinaus, daß man die ursprüngliche Darstellung als im wesentlichen wahr akzeptierte. Für die Geschichte der Römischen Republik – dies ist der Zeitraum, wo die Probleme zur Zeit am drängendsten sind und am intensivsten diskutiert werden – sind die beiden ausführlichsten aus der Antike überlieferten Schilderungen unglücklicherweise spät: die Darstellungen des Livius und des Dionys von Halikarnass sind (sehr grob gerechnet) ungefähr 500 Jahre nach der traditionellen Datierung des Beginns der Republik und 200 Jahre nach dem Sieg über Hannibal geschrieben worden. So sehr man sich auch darum bemüht, wir können keine ihrer schriftlichen Quellen über das Jahr 300 v. Chr. hinaus zurückverfolgen, und meist nicht weiter als bis zu Marius und Sulla. Dennoch werden die Jahrhunderte der Republik und die Zeit davor bei Livius und Dionys von Halikarnass detailliert geschildert. Woher bezogen sie ihre Informationen? Wie viele ältere Quellen wir auch immer nachweisen oder annehmen können – von der jeweiligen Verläßlichkeit einmal ganz abgesehen –, am Ende stehen wir immer vor dem Nichts. Aber antike Geschichtsschreiber, wie alle nachfolgenden Historiker, konnten sich nicht damit abfinden, vor dem Nichts zu stehen, und sie füllten die Lücken auf die eine oder andere Weise aus, im Notfall durch reine Erfindung.

Die Begabung der Alten zu erfinden und ihre Bereitschaft zu glauben werden beharrlich unterschätzt.[6] Wie sonst hätten sie die offenkundigen Lücken ihrer Kenntnis ausfüllen können, sobald einmal gelehrte Antiquare festgestellt hatten, daß zwischen der Zerstörung Trojas und der ›Gründung‹ Roms Jahrhunderte lagen, wenn nicht durch die Erfindung einer Liste der Könige von Alba Longa? Oder wie konnten sie eine bestehende Version widerlegen, wenn nicht durch eine alternative Darstellung, um z. B. dadurch ideologische Unterstützung oder Gegnerschaft gegenüber einer bestimmten ethnischen Gruppe zu dokumentieren wie den Etruskern oder Sabinern, die eine wichtige Rolle in der frühen römischen Geschichte spielten? Man braucht sich nicht zu wundern, daß selbst bei dem fragmentarischen Zustand des erhaltenen Quellenmaterials für das frühe Rom eine verwirrende Vielfalt von Versionen existiert, die noch bis in die Prinzipatszeit zugenommen hat.[8]

Vermutlich glaubt niemand mehr, daß die Liste der *Albanerkönige* etwas anderes als Erfindung sei, aber jede vorsichtige Andeutung, es sei nicht hinreichend begründet, der Liste der *römischen Könige* Glauben zu schenken, wird mit dem wütenden Aufschrei begrüßt, dies sei ›Hyperkritik‹ und ›im Geiste von Ettore Païs‹. Solche Schlagworte lösen die Probleme nicht. Zunächst einmal ist es demographisch unwahrscheinlich und vielleicht unmöglich, daß ein Zeitraum von 250 Jahren von nur sieben aufeinander folgenden Königen ausgefüllt wird: Die ersten sieben Kaiser in der Zeit des Prinzipats regierten zusammengenommen ein Jahrhundert lang. Des weiteren bedeutet es praktisch, daß man einen der sieben aus der Liste streicht, wenn man in bezug auf den zweiten König, Numa Pompilius, zu dem Schluß kommt, das »einzig Historische« an ihm sei sein Name und seine Biographie sei »Legende«.[9] Und so geht das fast endlos weiter: Unsere unheilbare Schwäche bleibt, daß uns Primärquellen zur Römischen Geschichte für die Zeit bis etwa 300 v. Chr. vollständig fehlen und daß wir auch für das folgende Jahrhundert nur über sehr wenige verfügen. Livius und die anderen späteren römischen Geschichtsschreiber (von ein paar verstreuten und häufig unverständlichen Dokumenten abgesehen) befanden sich in der gleichen Lage.

All das sind unbestreitbare Tatsachen. Doch dann ist es eine eigenartige Entgleisung, wenn ein angesehener Erforscher der römischen Geschichte in einem Band über das frühe Rom und die Etrusker (bis 390 v. Chr.), erschienen in einer Reihe, die von einem ebenso angesehenen Kollegen herausgegeben wurde, seinem Buch einen Anhang hinzufügt, der mit ›Primärquellen‹ überschrieben ist und aus kurzen, vier bis zehn Zeilen langen Charakterisierungen von einem Dutzend Geschichtsschreiber besteht, die von Trimaios, der die lange Zeit vom Ende des 4. Jahrhunderts bis zur

Mitte des 3. Jahrhunderts v. Chr. gewirkt hat, bis zu Festus reichen, der etwa um 150 n. Chr. den Höhepunkt seines Wirkens erlebte.[10] Ich kann mir nicht vorstellen, daß ein Renaissancehistoriker auch nur als Flüchtigkeitsfehler eine Liste von Primärquellen zusammenstellen würde, die John Addington Symonds, Burckhardt und Chabod enthielte. Ich habe den Verdacht, daß Ogilvie mit seinem Fehler, ohne Zweifel unbewußt, die weitverbreitete Ansicht widerspiegelt, daß alles in griechischer oder lateinischer Sprache Geschriebene irgendwie besonders ist und daß die normalen Maßstäbe der Bewertung dafür nicht gelten.

Der Mangel an primärem literarischen Material ist ein ständiges Elend. Wenn das für die archaischen, mehr oder minder vorliterarischen Epochen der griechischen und römischen Geschichte am meisten auffällt, so liegt das allein daran, daß die archäologischen Quellen gerade dieser Epochen zur Zeit im Mittelpunkt der wissenschaftlichen Diskussion stehen. In Wahrheit aber ist die gesamte griechische Geschichte in der Zeit nach dem Tode Xenophons um die Mitte des 4. Jahrhunderts v. Chr., die gesamte Geschichte des hellenistischen Ostens sowie wichtige Abschnitte der Geschichte der Römischen Republik und der Prinzipatszeit, den größten Teil der Geschichte der römischen Provinzen eingeschlossen, von diesem Mangel an primären literarischen Quellen gekennzeichnet. Für die lange Regierungszeit des Augustus z. B. bestehen die Primärquellen neben Dokumentenmaterial lediglich aus der naiven, oberflächlichen Geschichte des Velleius Paterculus, aus einigen Briefen und Reden des Cicero, aus Augustus eigenem Bericht über seine Regierungstätigkeit, den *Res gestae,* jenem Musterbeispiel an Halbwahrheiten, und aus der augusteischen Dichtung. Die einzige systematische Darstellung, die erhalten ist, ist die des Dio Cassius, die gegen Mitte des 3. Jahrhunderts n. Chr. verfaßt worden ist. Dio hat mit Sicherheit Primärquellen benutzt, aber unsere nicht zu vermeidende Abhängigkeit von seiner Version ist natürlich ein ebenso unbefriedigender Zustand wie unsere weitgehende Abhängigkeit von Vergil und Horaz in Hinblick auf die Ideologie des Augustus und seiner Freunde und Anhänger.

Diese Situation ändert sich auch durch die Berücksichtigung des schriftlichen Urkundenmaterials nicht wesentlich. So zahlreich sie einem auch erscheinen mögen, sie repräsentieren doch zeitlich und geographisch nur eine zufällige Auswahl, und häufig fehlt ihnen ein aussagekräftiger Kontext. Die Schwierigkeiten sind kaum zu übertreiben. Es fiele mir keine antike Stadt, keine Region, kein ›Land‹ und (von zwei miteinander zusammenhängenden Ausnahmen abgesehen, auf die ich gleich zu sprechen komme) keine Institution ein, von der man eine systematische Geschichte über einen längeren Zeitraum schreiben könnte. Einige einzelne Vorgänge können historisch abgehandelt werden, manchmal kann sogar etwas über die Bedeutung wie die Eroberung Galliens durch Caesar gesagt werden, aber weitergehende Aussagen lassen diese Quellen nicht zu. Das ist die mißliche Folge unseres Mangels an *historischen* Primärquellen. Sofern etwas nicht in einem mehr oder minder zeitgenössischen historischen Bericht festgehalten ist, ist die zusammenhängende Erzählung für immer verloren, wie viele Inschriften und Papyri auch immer man noch finden wird. Es mag genügen, auf die Geschichte Athens und des Athenischen Reichs in den fast fünfzig Jahren zwischen den Perserkriegen und dem Peloponnesischen Krieg hinzuweisen, einen Zeitraum, für den eine reiche inschriftliche Überlieferung zur Verfügung steht, für den aber Thukydides keine systematische Darstellung schreiben mochte. Wir können einige der Schlachten, die Thukydides offenbar für wichtig hielt, noch nicht einmal datieren.

Ausnahmen gibt es einerseits auf dem Gebiet der Geistesgeschichte, insbesondere der Geschichte der Philosophie und der Naturwissenschaften, der Rhetorik, Dichtung und Geschichtsschreibung, zum anderen auf dem Gebiet der Kunstgeschichte und der Geschichte der Technik. Im ersten Fall verliert die Unterscheidung zwischen literarischen und dokumentarischen Quellen ihre Bedeutung; im letzteren sind die Objekte selbst das ›dokumentarische Material‹. Es gibt große Lücken, die zu gut bekannt sind, als daß man sie hier aufzählen müßte, und es gibt andere Probleme, die z. B. aus unserer Unsicherheit darüber entstehen, wie repräsentativ das erhaltene Material ist. Nichtsdestoweniger sind auf diesen Gebieten annehmbare Gesamtdarstellungen geschrieben worden. Von diesen Ausnahmen abgesehen verbindet der Mangel an Primärquellen nicht nur die Möglichkeit einer fortlaufenden erzählenden Darstellung für längere Zeiträume und die meisten Regionen, sondern auch die Analyse der Institutionen. Es gibt Epochen und

Plätze, von denen wir beachtliche Kenntnis haben, und zwar nicht nur über die Institutionen, sondern auch über den Ablauf der politischen Geschichte im einzelnen, über Krieg und Diplomatie, über die Regierungstätigkeit usw. – Athen in der zweiten Hälfte des 5. Jahrhunderts und weiten Teilen des 4. Jahrhunderts v. Chr. gehören dazu, das letzte Jahrhundert der Römischen Republik und die ersten beiden Jahrhunderte der Kaiserzeit. Doch sollte uns dieser glückliche Umstand nicht darüber hinwegtäuschen, daß die vorhandenen Quellen für das übrige Griechenland außerhalb Athens, für die Römische Republik vor den Gracchen und zu fast jeder Zeit für den größten Teil der römischen Provinzen im allgemeinen unzureichend sind. Selbst unser Wissen über die politische Geschichte jener Epochen, die wir am besten kennen, ist sehr lückenhaft, wie ich in meinem Buch über *Das politische Leben in der antiken Welt* habe einräumen müssen; es mag genügen, unsere völlige Unkenntnis darüber zu erwähnen, wie die *comitia tributa* arbeiteten – und das war das wichtigste gesetzgebende Organ der Römischen Republik vom Beginn des 3. Jahrhunderts v. Chr. an und die Plattform, von der aus die Volkstribunen agierten. Die negative Situation, deren Bild ich gezeichnet habe, wird noch erschwert durch den zufälligen Charakter der auf uns gekommenen dokumentarischen Quellen, bei denen es sich um weitgehend vereinzeltes und aus einem größeren Zusammenhang gerissenes Material handelt, das zwar illustrativ ist, aber keine Reihen bildet und keine Gesamtschau ermöglicht.

Letztendlich ist es eigentlich nicht sehr überraschend, wenn selbst Geschichtsstudenten, die nur wenig Kenntnis von den Quellen, sagen wir, der Tudorzeit in England oder über Frankreich in der Zeit Ludwigs XIV. besitzen, die Alte Geschichte für eine ›komische Art von Geschichte‹ halten. Daß man für die augusteische Ideologie unausweichlich auf die Gedichte des Horaz angewiesen ist oder genauso auf die *Eumeniden* des Aischylos für jenen entscheidenden Moment der athenischen Geschichte, als man die Schwelle zu dem überschritt, was wir Perikleische Demokratie nennen, hilft den Gebrauch des Adjektivs ›komisch‹ zu erklären. Doch die Eigenarten reichen noch viel weiter, erstrecken sich auf die antiken Historiker selbst und insbesondere auf zwei ihrer kennzeichnendsten Charakteristiken, nämlich die ausführlichen direkten Zitate aus Reden und die seltene Bezugnahme auf (geschweige denn Zitierung aus) Urkunden, seien es private oder öffentliche. Die Reden sind für uns etwas Seltsames, und sie rufen bei modernen Kommentatoren seltsame Reaktionen hervor. Es gibt keinen plausiblen Grund für die Annahme, daß die Reden irgendetwas anderes seien als Erfindungen der Geschichtsschreiber, nicht nur in ihren einzelnen Formulierungen, sondern auch in ihrem Gehalt. In der Antike wurden sie ganz sicher auf diese Weise aufgefaßt: als Beleg kann man die Erörterung in dem langen Abschnitt über Thukydides bei Dionys von Halikarnass (Kap. 34–38) anführen, jenem Scharfsinnigsten und Gebildetsten unter den Literaturkritikern der Antike, der selbst auch zahlreiche Reden für seine vielbändigen *Römischen Altertümer* komponiert hat. Moderne Autoren haben da Schwierigkeiten. Nicht nur daß die Position eines Dionys von Halikarnass in moralischer Hinsicht als unannehmbar erscheint – es ist gesagt worden, man müsse ja dann Thukydides für »blind oder unaufrichtig« halten[11] –, sondern viel schlimmer noch, man muß ernsthaft in Erwägung ziehen, einige der interessantesten und reizvollsten Passagen des Herodot, Thukydides, Polybios, Caesar, Sallust, Livius, Tacitus, Dio Cassius und all der anderen nicht mehr für Primär- oder Sekundärquellen anzusehen. Man hat keine Wahl: wenn der substantielle Gehalt der Reden und auch die Formulierungen nicht authentisch sind, dann kann man nicht mit gutem Grund behaupten, daß Perikles den versammelten Athenern im Jahre 430 v. Chr. gesagt habe, ihr Reich sei »schon Tyrannis; sie aufzurichten mag ungerecht sein, sie aufzugeben ist gefährlich« (Thuk. 2,63,2). Ich habe keine Ahnung, was Perikles bei dieser Gelegenheit tatsächlich gesagt hat, aber ebensowenig wissen das die unzähligen Historiker, die aus jener Rede diese Passage zitieren. Außer in Hinblick auf Thukydides und Polybios gibt es darüber keine ernsthaften Meinungsunterschiede mehr, obwohl die Abneigung, Konsequenzen zu ziehen, allseits groß ist; doch werden nicht in allen Fällen solche extremen Pirouetten gedreht wie bei dem ›Nachweis‹, daß Thukydides durchaus genaue, authentische Informationen für alle seine Reden und auch für den Melierdialog hätte bekommen können,[12] oder bei der Entdeckung, daß es »zwei Arten der Wahrheit« gebe, »eine das Ereignis betreffende und eine in Hinblick auf Bedeutung und Absicht«.[13]

Ich glaube, daß man auch Thukydides nicht ›retten‹ kann, solange man davon ausgeht, daß es sich um eine Frage von Wahrhaftigkeit und Moral in den Termini des 20. Jahrhunderts handelt. Obwohl Thukydides bei unzähligen Gelegenheiten als einfache Tatsache berichtet wie ein Politiker, ein militärischer Führer oder sogar eine Gruppe von Leuten in bestimmter Weise aufgrund einer Überzeugung, einer Meinung oder eines Urteils gehandelt habe, kann doch kein Zweifel darüber bestehen, daß dies bestenfalls die eigene Einschätzung des Historikers, warum sie so gehandelt hatten, ein Rückschluß von der Handlung auf die Absicht also war.[14] Ein schlagendes Beispiel für eine jener Formeln, die er verwendete, ist das folgende: »Nach solchem Zuspruch begann Brasidas den Rückzug. Kaum sahen das die Barbaren, drängten sie mit viel Lärm und Geschrei nach, denn sie meinten, er fliehe und sie müßten das Heer nur einholen, um es aufzureiben« (Thuk. 4,127,1). Sollen wir nun glauben, daß Thukydides sich bewußt als Fälscher betätigte, wenn er unzählige Male einen Satz wie diesen schrieb, oder wenn er all die Reden in seinem eigenen Stil verfaßte, wenn er Redner auf eine erste Rede antworten ließ, von der sie unmöglich etwas gewußt haben könnten, wenn er den Melierdialog erfand?[15]

Es ist ein unendlich oft wiederholter Gemeinplatz, daß die Reden bei den antiken Geschichtsschreibern eine »von alters her bestehende Tradition« repräsentieren, die »an die anhaltende Verbindung von Geschichtsschreibung mit Epos und Drama von den frühesten Anfängen an erinnert«.[16] Das ist zweifelsohne richtig, aber keine Tradition ist unumstößlich, und wenn diese tausend Jahre oder mehr überlebt hat, ist es undenkbar, daß keinem derer, die sich daran hielten, in den Sinn gekommen sei, er sei ein Fälscher, und zwar um so dreister, desto mehr er, wie Thukydides und Polybios, darauf bestand, ein Historiker habe allein die Wahrheit zu berichten. Thukydides muß es um mehr gegangen sein als nur einfach darum, seine Leser aufs Glatteis zu führen, als er in dem kurzen Methodenkapitel des 1. Buchs jenen verhängnisvollen Halbsatz schrieb (1,22,1), der Kommentatoren für vielleicht zweihundert Jahre ohne jede Aussicht auf eine zufriedenstellende Lösung der Schwierigkeiten beschäftigt hat: »Nur wie meiner Meinung nach ein jeder in seiner Lage etwa sprechen mußte, so stehen die Reden da, in möglichst engem Anschluß an den Gesamtsinn des in Wahrheit Gesagten.« Wir gehen von falschen Voraussetzungen aus, wenn wir annehmen, daß Griechen und Römer das Studium und das Schreiben von Geschichte im wesentlichen so sehen wie wir.[17] Collingwood hat eine andere Prämisse vorgeschlagen, als er voller Pein eine Seite über die Reden bei Thukydides schrieb:

»Gewohnheit hat unsere Empfindlichkeit stumpf werden lassen; aber wir sollen uns einen Moment fragen: konnte ein redlicher Mann, der wirklich historisch dachte, sich überwinden einer solchen Tradition zu folgen? [...] Wird nicht klar, verrät nicht der Stil ein mangelndes Interesse an der Frage, was dieser oder jener Mann bei dieser oder jener Gelegenheit wirklich gesagt hat? [...] Die Reden scheinen mir nicht Geschichte zu sein, sondern Kommentare des Thukydides über die Handlungen der Sprecher, Rekonstruktionen ihrer Motive und Absichten durch Thukydides [...]; dies ist ein traditionelles Vorgehen, das charakteristisch ist für einen Autor, dessen Aufmerksamkeit sich nicht voll auf die eigentlichen Ereignisse konzentrieren kann, sondern ständig von den Ereignissen hingelenkt wird zu einer Lehre, die dahintersteht, zu einer unumstößlichen und ewigen Wahrheit, deren, platonisch gesprochen, *paradeigmata* oder *mimemata* die Ereignisse sind.«[18]

Eine andere ebenfalls nicht gleich verständliche Gewohnheit antiker Geschichtsschreiber war es, selten Urkunden zu paraphrasieren oder, noch seltener, sie zu zitieren.[19] Thukydides hat bekanntermaßen in seinem Methodenkapitel (1,22) von Urkunden nicht gesprochen und hat nur selten erkennbar von ihnen Gebrauch gemacht, auch wenn er in einem eigentlich für seine Geschichte nicht wesentlichen Zusammenhang einmal zeigt, wieviele Aussagen man durch logische Schlußfolgerungen aus zwei kurzen Inschriften herauspressen kann (6,55). Teilweise kann man das allgemeine Desinteresse der griechischen und römischen Historiker an Urkunden durch deren beschränkte Menge erklären und damit, daß das Archivwesen so wenig ausgebildet war.[20] Moderne Historiker müssen sich immer wieder vor Augen halten, daß der ›Papierkrieg‹, dem sie ausgesetzt sind, nicht immer ein ›natürliches‹ Produkt menschlichen Verhaltens war. In der langen Geschichte der griechisch-römischen Welt war ein ausgeprägtes Urkundenwesen allein für den Sonderfall der ägyptischen Gesellschaft und, bis zu einem gewissen Grad, für die zentrale Verwaltung der späten Kaiserzeit charakteristisch.

Akten und Urkunden, Urkundenwesen und Archive haben eine Funktion für die Gesellschaft, die sie produziert und aufbewahrt oder auch beides im großen und ganzen nicht tut.[21] Die Psychologie und die Bedürfnisse der ptolemaischen Bürokratie in Ägypten hatten nur wenig gemein mit den Bedürfnissen im klassischen Griechenland oder in Rom. Nachdem Aristoteles mit der systematischen Sammlung und Veröffentlichung verschiedener öffentlicher Aufzeichnungen begonnen hatte, hat in der folgenden Generation Krateros, einer seiner makedonischen Schüler, ein Corpus athenischer Dekrete in neun Büchern herausgegeben.[22] Im zweiten Buch überschreitet seine Sammlung bereits die Mitte des 5. Jahrhunderts v. Chr., und das zeigt, wie wenige Dokumente aus noch früherer Zeit er finden konnte; und die Tatsache, daß seine Sammlung in späteren Jahrhunderten so selten erkennbar benutzt wurde (es sei denn für abstruse linguistische oder geographische Erörterungen), legt den Schluß nahe, daß man kein großes Interesse an dem hatte, was wir für ein unschätzbares Instrument zum Studium der Geschichte gehalten hätten. Was Rom betrifft, so sind nur wenig mehr als einhundert öffentlich ausgestellte Gesetze, *senatus consulta,* kaiserliche Verordnungen und Edikte der Beamten aus dem gesamten Gebiet des Römischen Reichs bis zur Zeit Konstantins erhalten.[23] Und die *acta* des Senats begann man erst zur Zeit des ersten Konsulats Caesars im Jahre 59 v. Chr. aufzuzeichnen und zu veröffentlichen (Sueton, Caesar 20,1). Davor waren nur die eigentlichen Beschlüsse, die *senatus consulta,* schriftlich festgehalten worden.

Kurz gesagt, der epochenmachenden Erfindung der Schrift folgten Jahrhunderte, in denen eine im wesentlichen durch mündliche Weitergabe gekennzeichnete illiterate Gesellschaft fortbestand. In einer vorindustriellen Gesellschaft kann sich der Mensch recht gut ohne den Gebrauch des geschriebenen Wortes behelfen. Als nun Menschen begannen, die Geschichte ihrer Welt zu schreiben, seien es Griechen oder Römer, fanden sie in der überlieferten Information über die Vergangenheit große Lücken oder, was noch schlimmer war, eine Anzahl von ›Begebenheiten‹, in denen tatsächliches

Geschehen mit Erfindungen oder Halbwahrheiten vermischt war. Und das versuchen nun moderne Historiker in ihrer unerklärlichen Abneigung dagegen, eine Niederlage einzugestehen und eine Lücke zuzugeben, unter der positiven Bezeichnung Überlieferung (oder mündliche Überlieferung) hinüberzuretten.[24] Wenige Anthropologen betrachten die durchgehend mündliche Überlieferung der Völker, die sie studieren, mit derselben Leichtgläubigkeit, wie sie Althistoriker an den Tag legen. Wenn detaillierte Informationen über Ereignisse der Vergangenheit oder über Institutionen, die im aktuellen Leben nicht länger wesentlich oder auch nur verständlich sind, über viele Generationen hinweg mündlich weitergegeben werden, so folgt daraus stets ein beträchtlicher und unwiderbringlicher Verlust an Einzelheiten oder eine Vermischung von Tatsachen, Manipulation und Erfindung; letzteres erfolgt manchmal ohne ersichtlichen Grund, oft indes aus Gründen, die völlig einsichtig sind. Nach einiger Zeit wird es absolut unmöglich, irgendeine Überlieferung, sofern sie nicht in schriftlicher Form vorliegt, zu kontrollieren. Wieder habe ich den Verdacht, daß es eine unausgesprochene Überzeugung gibt, die Überlieferung der Griechen und Römer sei irgendwie besonders, obwohl niemand bis jetzt einen glaubhaften Mechanismus nachgewiesen hat, der die mündliche Überlieferung exakter Informationen über den Zeitraum von Jahrhunderten ermöglicht haben könnte (z.B. von der archaischen Zeit Griechenlands bis zu Pausanias im 2. Jahrhundert n. Chr. oder vom Rom der Könige bis zu Livius und Dionys von Halikarnass im späten 1. Jahrhundert v. Chr.). Schließlich war es im Zeitalter der Schriftlichkeit, daß die römische Nobilität am Ende der Republik mit Erfolg gefälschte Genealogien in Umlauf setzte,[25] oder daß Tacitus, Sueton und Dio Cassius, die alle Zugang zu zeitgenössischen Darstellungen hatten, den Bericht über den großen Brand Roms im Jahre 64 n. Chr. so gründlich durcheinanderbrachten, daß niemand das in zufriedenstellender Weise hat entwirren können.[26]

Es ist richtig, daß »schriftliche Überlieferung eine unzureichende Bezeichnung für eine sehr komplexe Ansammlung von Angaben« ist, die Einzelheiten zu Sprache und religiösen Bräuchen, zu Recht und politischen Institutionen einschließt sowie die erzählende Darstellung von Kriegen, Verschwörungen und diplomatischer

Aktivität.[27] Die erzählende Darstellung ist gleichwohl die Perle der Überlieferung: Ohne sie würden viele der anderen Einzelheiten nicht verständlich. Wie können wir z. B. für die Frühgeschichte Roms bewerten, daß eine enge Verwandtschaft zwischen dem Lateinischen und anderen italischen Sprachen bestand, die in oder um Latium gesprochen wurden? Was könnte uns dieser Umstand allein über Römer und Volsker oder Römer und Sabiner erzählen, wenn wir nicht die Anhaltspunkte hätten, die man der literarischen Überlieferung entnehmen zu können meint? Es gibt keine Garantie dafür, daß diese Überlieferung nicht eben gerade darum entstanden ist, um einen sprachlichen, religiösen oder politischen Zusammenhang zu erklären; daß, mit anderen Worten, die Überlieferung nicht eine aitiologische Erfindung ist – der Raub der Sabinerinnen etwa.

In bezug auf das frühe Römische Recht ist die Situation im Grunde nicht anders, auch wenn wesentliche Teile des Zwölftafelgesetzes aus dem 5. Jahrhundert v. Chr. in leicht übersetzbarem klassischen Latein überliefert sind. Was z. B. soll der folgende einfache Satz aus dem Zwölftafelgesetz wirklich bedeuten: »Patronus si clienti fraudem facerit, sacer esto«? Wenn wir die Frage lediglich aufgrund des Zwölftafelgesetzes zu beantworten hätten, so müßten wir sagen, daß wir keine Ahnung haben. Aber wir haben die literarische Überlieferung, die über das Klientelwesen berichtet, und die Antwort lautet demzufolge, daß wir immer noch nichts sicher wissen, aber einige Jahrhunderte später eine Reihe unterschiedlicher und sich widersprechender Erklärungen finden können; doch haben diese Erklärungen auch keinen festen Anspruch auf Gültigkeit, denn die Späteren wußten ebenfalls nichts und waren nicht in der Lage, das frühe Klientelwesen von der Einrichtung ihrer eigenen Tage zu unterscheiden. Ja sie sahen sogar gar keinen Bedarf für eine ernsthafte Differenzierung: die Römer waren wie die Griechen ›rücksichtslose Modernisierer‹ bei ihren Versuchen, ihre eigenen archaischen Institutionen und Verhaltensweisen zu interpretieren.[28]

Und warum auch nicht? Da ihnen ein »konzeptueller Rahmen« für das Verständnis von solchen Institutionen oder von sozialer Veränderung über einen langen Zeitraum fehlte[29], konnten ihre Historiker mit Angaben, die die Antiquare entdeckten, Urkunden eingeschlossen, nicht wirklich etwas anfangen; und sie konnten auch die Zuverlässigkeit der Angaben nicht einschätzen. Selbst wir, denen es an konzeptuellen Vorstellungen nicht mangelt und die wir über lange Erfahrung mit den Techniken der Bewertung und Interpretation von Texten verfügen, kommen bei jenen Epochen, für die die Quellen weitgehend auf mündlicher Überlieferung beruhen und die Urkunden extrem rar und im wesentlichen uneinsichtig sind in große Schwierigkeiten.[30] Einige der angeblichen Ereignisse wie etwa die politische Einigung Attikas durch Theseus oder die Gründung Roms durch Aeneas z. B. sind vollkommen fiktiv, aber so offensichtlich und einfach zu identifizierende Fiktionen sind sehr rar. Bei dem größten Teil der erzählenden Darstellungen sind wir zumindest mit der *Möglichkeit* eines wahren Kerns konfrontiert, und es gibt keine eindeutigen Zeichen, welche erlauben würden Fiktion und Wahrheit zu unterscheiden. Die Version, die Livius und Dionys erzählen (und wir können noch Plutarchs Biographien des Theseus, Lykurg und Solon hinzunehmen), »muß man [...] unerbittlich nach Anzeichen von Anachronismen oder Ausschmückungen absuchen«, schreibt Ogilvie.[31] Indes hatte er selbst in einem früheren Buch schon düstere Zweifel an den Aussichten gehegt, als er erklärte, die »Jagd nach Anachronismen oder zeitgenössischen Bezügen« in den spätrepublikanischen Quellen des Livius für die Frühzeit sei »besonders abenteuerlich und unergiebig, da jede Anspielung auf Caesar bei näherer Betrachtung ebensogut eine Anspielung auf Marius oder Sulla sein kann«.[32] Die einzige Hoffnung liegt in einer vorsichtigen und besonnenen Anwendung von kognitiven Modellen (zu denen wir in Abschnitt 4 und 5 dieses Buchs kommen werden). Ohne ein theoretisch begründetes konzeptuelles Schema läßt sich das spärliche und unzuverlässige Quellenmaterial in alle Richtungen manipulieren, und es gibt keine Kontrollmöglichkeit.[33]

Es ist jetzt an der Zeit, wieder an meinen Ausgangspunkt zurückzukommen, nämlich auf die Frage, welchen Platz die archäologischen Quellen innerhalb des gesamten dem Althistoriker heute zur Verfügung stehenden Quellenmaterials einnehmen.[34] Die Archäologie scheint sich in einem Zustand des Aufruhrs zu befinden. In einer verständlichen Reaktion gegen die »angebliche Geschichte«, die frühere Generationen von Anthropologen und Archäologen geschrieben hätten, hat eine einflußreiche Fraktion unter den Vor- und Frühgeschichtlern seit etwa zwei Jahrzehnten zu fortgesetzten Anstrengungen aufgerufen, um die Archäologie »als eine unabhängige Disziplin« zu etablieren, »die sich mit archäologischem Material beschäftigt, das sie, um bestimmte archäologische Prozesse aufzuzeigen, in archäologische Kategorien zusammenfaßt und das im Rahmen archäologischer Ziele, Konzepte und Verfahren untersucht wird«.[35] Der universelle Anspruch der ›Neuen Archäologie‹ ist innerhalb und außerhalb der Disziplin auf Widerspruch gestoßen.[36] Nichtsdestoweniger kann kein ernsthafter Wissenschaftler die Leistungen ihrer Anhänger in der Vor- und Frühgeschichte oder in der Geschichte des Alten Orients übergehen; in der Klassischen Archäologie hingegen findet das Erbe Winckelmanns mit seiner Mischung von Schatzgräberei und antiquierter Kunstgeschichte noch immer eine beträchtliche Anhängerschaft, dominiert in manchen Bereichen und beeinflußt und beschränkt das archäologische Arbeiten von der anfänglichen Wahl des Grabungsplatzes bis zur abschließenden Analyse der Funde.[37] Im Jahre 1973 begann der damalige Dozent und heutige Lincoln Professor für Klassische Archäologie der Universität Oxford eine Rezension mit folgenden Worten:

»Eine Konfrontation der Neuen Archäologie mit dem Klassischen Griechenland muß erst noch stattfinden, und vielleicht wird das niemals geschehen. Der Klassische Archäologe nämlich ist in einen reichen und informationsträchtigen literarischen Hintergrund eingebunden sowie in die Kunstgeschichte, und daneben wird der Beitrag neuer Techniken niemals große Bedeutung erlangen; auch erscheinen die Repräsentanten der neuen Techniken hier gewöhnlich hilflos, es sei denn in der Aufdeckung von Fälschungen.«[38]

Nun, die Klassischen Archäologen, die sich mit dem römischen Britannien beschäftigen, sind keineswegs in einen reichen und informationsträchtigen literarischen Hintergrund eingebunden, und demzufolge haben sie sich schon lange mit ›Siedlungsarchäologie‹ und ähnlichen Aspekten der ›Neuen Archäologie‹ der Vor- und Frühgeschichte beschäftigt, wenn auch mehr in ihren eigenen Termini als in denen der Vertreter der ›Neuen Archäologie‹. In den 50er Jahren wurden in Italien ähnliche Untersuchungen von Archäologen wie Frank Brown von der American Academy in Rom und John Ward-Perkins von der British School at Rome begonnen und die dortige Schule um Bianchi Bandinelli setzte zu einem breitangelegten Angriff auf die Positionen an, wie sie jetzt durch Boardman repräsentiert werden. Die griechische Archäologie hinkte zugegebenermaßen hinterher, aber sie holt schnell auf.[39] Kurz gesagt, Aufruhr und Polemik haben auch die Klassische Archäologie erreicht, und die Diskussion trifft die Altertumswissenschaften an einem vitalen Punkt, nämlich in der Frage der Qualität und Aussagekraft von Quellen (jene, die mit Sicherheit keine Fälschungen sind, wie ich wohl kaum hinzufügen muß).

So willkommen und in der Tat auch notwendig diese aktuelle Auseinandersetzung auch ist, sie scheint mir teilweise in die falsche Richtung zu gehen. Zunächst einmal halte ich es für falsch von dem Verhältnis zwischen Geschichte und Archäologie zu sprechen. Zur Debatte stehen nicht zwei qualitativ unterschiedliche Disziplinen, sondern zwei Formen von Quellen über die Vergangenheit, zwei Arten von historischen Quellen.[40] Es kann daher keine Frage der Priorität im Ganzen oder der Überlegenheit der einen Art von Quellen über die andere sein; alles hängt in jedem einzelnen Falle von den vorhandenen Quellen und den speziell zu beantwortenden Fragen ab.

Es gibt Zusammenhänge, wo die beiden Formen von Quellen in so enger Verbindung gesehen werden müssen, daß gewissermaßen keine ohne die andere von großem Nutzen ist. Als Beispiel möchte ich die neueren Arbeiten des Finnischen Instituts in Rom zu den römischen Ziegelstempeln und von Garlan zu den Amphorenstempeln von Thasos nennen.[41] In keinem der beiden Fälle sind diese von mir ausgewählten Untersuchungen ein Beispiel für die »archäologischen Ziele, Konzepte und Verfahren«, die die ›Neue Archäologie‹ proklamiert hat. Die römischen Ziegel und die Amphoren sagen uns für sich als Objekte genommen wenig und liefern uns nur unzureichende Kriterien für eine Wahl unter möglichen historischen Interpretationen. Die auf ihnen schriftlich festgehaltenen Symbole und abgekürzten Worte sind ihrerseits ähnlich doppeldeutig oder ohne Aussagekraft, wenn nicht eine sorgfältige quantitative Analyse sowohl der inschriftlichen Angaben wie der Fundorte durchgeführt wird.[42]

Zugegebenermaßen ist diese Art der Symbiose eine Ausnahme.

Zumeist ergänzen die zwei Arten von Quellen einander auf irgendeine Weise. Und zuweilen scheinen sie nicht miteinander vereinbar zu sein oder in direktem Widerspruch zu stehen. Dann muß die eine oder andere zurücktreten, und das bedeutet in der Regel *(aber nicht immer)* ein Zurücktreten der schriftlichen Quelle unter der Voraussetzung, daß sowohl die Texte wie die archäologischen Funde richtig interpretiert wurden, was allerdings nicht so ohne weiteres und mit Sicherheit angenommen werden kann. Als z. B. entdeckt wurde, daß viele Amphoren des Typs Baldacci III, der mit Dressel 6 verwandt ist, aus Istrien kamen, das von Plinius (nat. hist. 15,8) als ein wichtiges Zentrum für die Produktion von Öl genannt wird, hat man angenommen, daß diese Gefäße für Öl bestimmt gewesen seien, zumal Plinius die Weine aus dem Norden unter der Rubrik *reliqua* zusammengefaßt hatte (14,67). Doch hat sich inzwischen herausgestellt, daß Plinius damit keine negative Feststellung über die Quantität der Produktion treffen wollte, und daß die Baldacci III-Gefäße Wein enthielten und nicht Öl.[43] Ein anderes Beispiel: Mit der Regierungszeit Trajans verschwindet der Typ Dressel 2–4, der lange Zeit das Standardgefäß für Wein aus Italien war, und man hat daraus geschlossen, daß der Weinexport aus Italien damals ziemlich abrupt aufgehört habe. Indes die wiederholten und eingehenden literarischen Zeugnisse vor allem bei Galen und Fronto, die die fortdauernde Popularität des berühmten falernischen und kampanischen Weines im späten 2. Jahrhundert n. Chr. bestätigen, können nicht einfach beiseitegeschoben werden. Man muß daher davon ausgehen, daß sich vor oder in der Regierungszeit Trajans der Gefäßtypus veränderte, auch wenn wir bis jetzt noch nicht in der Lage waren festzustellen, welche Gefäße den Typ Dressel 2–4 ersetzt haben.[44] Das ist die in der letzten Zeit von André Tchernia vorgebrachte Erklärung, und obwohl es dafür bis jetzt keine Bestätigung gibt, sind einige erstmals vor der Küste bei Civitavecchia und vor der Toskana gemachte (und noch weitgehend unpublizierte) Funde ermutigend: man hat dort jene gewaltigen Gefäße mit einer Höhe von 1,65 m und einem maximalen Durchmesser von 0,82 m gefunden, die man als *dolia* bezeichnet.[45]

Aus Gründen, die in unserer eigenen geistesgeschichtlichen Entwicklung liegen, lassen sich Althistoriker häufig zu zwei stillschweigenden Vorurteilen hinreißen. Erstens geht man davon aus, daß Aussagen der literarischen oder urkundlichen Überlieferung, sofern sie nicht zu widerlegen sind (in einer Weise, die dem einzelnen Historiker als zufriedenstellend erscheint), Wahrheitsanspruch haben. Diese Überzeugung resultiert aus der bevorzugten Stellung, die man dem Griechischen und Lateinischen einräumt. Besonders unannehmbar ist dies in bezug auf die frühen Epochen der griechischen und römischen Geschichte, für die die archäologischen Quellen eine so überragende Bedeutung haben (deren Anteil noch ständig zunimmt) und die von der Menge her durchaus nicht unerhebliche literarische Überlieferung besonders suspekt ist.[46] Das zweite Vorurteil ist, daß man meint die dringlichste historische Frage, die man an archäologische Funde stellen könne, sei, ob sie die literarische Überlieferung bestätigen können oder nicht. Eine solche Einstellung gibt den literarischen Quellen automatisch den Vorrang und hat z. B. für die Frühgeschichte Roms zu optimistischen, auf einer höchst subjektiven Auswahl beruhenden Urteilen über die Bestätigung der literarischen Überlieferung durch den archäologischen Befund geführt. Man kann jetzt allenthalben lesen, daß die Archäologie heute »die Aussagen [...] der annalistischen Tradition im wesentlichen bestätigt«.[47] In einer anspruchsvollen Variante lautete die Argumentation folgendermaßen: Solange Geschichte nur eine fortlaufende Erzählung der Ereignisse (*événementielle*) gewesen sei, habe die hyperkritische Einstellung gegenüber der Überlieferung zu Recht die Oberhand behalten; nachdem man aber nun zu einer mehr soziologisch orientierten Geschichte und zu neuen archäologischen Techniken übergegangen sei, bestätige das erneuerte Studium der Topographie und der Baugeschichte der Stadt Rom die Überlieferung in den großen Linien des institutionellen und chronologischen Ablaufs über den langen Zeitraum (*dans la longue durée*) angesichts der bekannt konservativen Einstellung der Römer.[48]

Mit dieser Argumentation habe ich Schwierigkeiten. Die Überlieferung über das frühe Rom ist fast ausschließlich erzählte Ereignisgeschichte, *histoire événementielle*, und das bleibt sie auch dann, wenn einige Historiker und Archäologen heute ihre Interessensschwerpunkte verlagert haben. Die neuerdings behauptete angebliche Bestätigung erweist sich in Wahrheit als nur außerordentlich beschränkt gültig. Daß archaische Bauten auf dem Forum jetzt im Gelände identifiziert werden konnten, ist sicherlich ein wichtiger Fortschritt, aber es ist noch keine Bestätigung der traditionellen Zuschreibung einzelner Bauten an bestimmte Könige – eine Zuschreibung, die allzu oft chronologisch ausgeschlossen ist. Es gibt jetzt Belege für den Mythos und sogar für einen Kult des Aeneas in Mittelitalien, die bis in das 6. Jahrhundert v. Chr. zurückreichen, aber vorerst keine Belege aus Rom selbst.[49] Es ist daher nicht überraschend, wenn die besten neueren Darstellungen sehr schnell von der Frage der Ursprünge Roms zu dem ganz anderen Gebiet der Geistes- und Ideologiegeschichte der Römischen Republik übergehen.[50] Was die Beziehungen Roms zu seinen Nachbarn in der ›Königszeit‹ betrifft, so bestehen massive Widersprüche zwischen den literarischen Darstellungen und dem, was die Archäologen gefunden haben.[51] Als Beispiel mag der Fall von Satricum genügen, einer latinischen Siedlung 50 km südlich von Rom in einem Gebiet ständiger Auseinandersetzungen mit den Volskern: es wird von Dionys von Halikarnass erstmals (5,61,3) unter dem Datum 496 v. Chr. erwähnt, obwohl es mit Sicherheit zu jenem Zeitpunkt bereits für ein Jahrhundert oder mehr eines der Hauptzentren Latiums mit einem bedeutenden Tempel der italischen Mater Matuta war.[52]

Zwei Jahrzehnte intensiver Untersuchungen zum frühen Rom sind mit Satricum in einer Sackgasse geendet, und die Erfahrung legt nahe, daß der Althistoriker, der die Glaubhaftigkeit seiner Quellen abwägen will, sich besser anderen Epochen zuwendet. Wir wollen also stattdessen lieber jene Funde betrachten, die unter allen archäologischen Funden am zahlreichsten vertreten sind und in den letzten Jahren mit besonderer Sorgfalt und auf hohem Niveau als Bodenfunde und als Ergebnis der Unterwasserarchäologie studiert worden sind, nämlich Keramik; gemeint ist die meist undekorierte Gebrauchskeramik – Gefäße, Tisch- und Küchengeschirr, Kochgerät, Lampen – und nicht jene fein dekorierte Keramik, die bis vor kurzem im Mittelpunkt der wissenschaftlichen Beschäfigung stand, wodurch die Illusion entstand, daß sie sozusagen den größeren Teil der griechisch-römischen Keramikproduktion repräsentiere. Reine Gebrauchskeramik kann überall hergestellt werden und wurde überall hergestellt, buchstäblich in millionenfacher

Stückzahl, und Fragmente (Scherben) kommen immerzu und überall in großer Zahl zum Vorschein. Der überwiegende Teil dieser Keramik war »völlig anonym«, insbesondere die Ware mit der größten Verbreitung von der Korinthischen Keramik und Bucchero aus der spätarchaischen Zeit über attische Schwarzfirniswаre und Kampanische Keramik A und weiter bis in die Römische Kaiserzeit.[53] Und so wie die Scherben selbst stumm sind, schweigt sich die literarische und inschriftliche Überlieferung aus: »Römische Keramik ist in gewissem Sinne prähistorisch.«[54] Einen besseren Beweis für die getrennte Existenz und die Grenzen der zwei Arten von Quellen kann man sich kaum vorstellen.

Die Menge an Veröffentlichungen über römische Keramik – und nur damit will ich mich hier beschäftigen –, die in den letzten drei Jahrzehnten erschienen sind, ist schier unübersehbar.[55] Besondere Aufmerksamkeit wurde der Typologie und Chronologie als Basis jeder systematischen Untersuchung sowie den technischen und wirtschaftlichen Aspekten geschenkt. Man hat viel herausgefunden: daß die Verbreitung in erster Linie lokal war; daß die Versendung über längere Entfernungen vornehmlich auf dem Wasserwege (zur See oder über schiffbare Flüsse) erfolgte; daß die großen Gefäße – Amphoren – ihrer Form nach dafür gemacht waren, auf große Schiffe verladen zu werden und daß sie die bestimmende Fracht für die Wahl der Route und die anzulaufenden Häfen waren; daß andere Arten von Keramik – Eßgeschirr, Kochtöpfe, Öllampen – lediglich als parasitäre Beifracht zu den großen Gefäßen und deren Inhalt Platz auf dem Schiff fanden, usw. Abgesehen davon, daß Amphorenstempel als Beleg für die Praxis dienen, daß die Ware einer Anzahl von Eigentümern oder Kaufleuten auf ein und demselben Schiff transportiert wurde, wissen wir das meiste übrige durch die Objekte selbst und ohne Zuhilfenahme irgendwelcher schriftlicher Texte.

Aber in wichtigen Punkten ist man bisher erfolglos geblieben. Im Rahmen von Überlegungen über die beispiellose Verbreitung nordafrikanischer Keramik aller Art im gesamten Mittelmeerraum seit Beginn des 2. Jahrhunderts n. Chr. – ein Phänomen das mit steigender Tendenz praktisch bis zum Ende der Antike anhielt und nichtsdestotrotz in der erhaltenen antiken Literatur noch nicht einmal die allergeringste Erwähnung findet –, hat Carandini kürzlich folgendes geschrieben: »Aber es ist uns (momentan) noch nicht gelungen, diesen Produkten ihr kostbarstes Geheimnis zu entlocken – die ›sozialen Umstände‹, unter denen sie produziert wurden.«[56] Von dem optimistischen ›momentan‹ abgesehen teilen alle führenden Experten für römische Keramik, ob italische, gallische oder nordafrikanische Ware, dieses Urteil.[57]

Zunächst einmal sind bisher nicht viele Standorte von Keramiköfen identifiziert worden.[58] Dann sind die Besitzverhältnisse der Keramikwerkstätten und die Zusammensetzung der Arbeitskräfte bis auf jene relativ geringe Zahl von Fällen, in denen Amphorenstempel darauf hindeuten, daß sich unter den Arbeitskräften Sklaven befanden oder nicht, unbekannt. Unser Mangel an Kenntnissen erstreckt sich auch auf so zentrale Fragen wie die nach dem Verhältnis der Töpfer und Töpfereibetriebe in bezug auf Grundbesitz (die Tonvorkommen eingeschlossen), auf die Frage, wer im Handel tätig wurde oder ob es ›Niederlassungen‹ an anderen Orten gab. Die Möglichkeiten sind vielfältig und verworren und, wie ich glaube, vielfältiger und verworrener, als die aktuelle Forschung bei ihren Vermutungen bisher annimmt. Das zeigen drei im Jahre 1981 publizierte Papyri aus Oxyrrhynchos aus der Mitte des 3. Jahrhunderts v. Chr. ganz deutlich.[59] Bei diesen Papyri handelt es sich um Verträge über die zweijährige Verpachtung der Töpfereien auf großen Gütern des Distrikts (so der Wortlaut im Text), wobei die Pächter, die sich als »Töpfer, die Gefäße für Wein herstellen«, bezeichnen, sich dazu verpflichten, jeweils pro Jahr 15 000, 24 000 bzw. 16 000 Gefäße mit einer Kapazität von vier Choes herzustellen; dafür sollen sie in den ersten beiden Fällen 32 Drachmen für 100 Gefäße erhalten, im dritten Fall hingegen 36 Drachmen für 100 Gefäße. Sie sollen außerdem eine geringe Anzahl von Gefäßen mit einer Kapazität von zwei Choes und acht Choes herstellen, für die sie mit Wein und Linsen bezahlt werden. Die Grundbesitzer und Verpächter stellen die Töpfereiwerkstatt, deren Ausstattung an Geräten und das Rohmaterial, die Töpfer lediglich die Arbeitskräfte (ohne nähere Angaben). Und in zwei der drei Fälle, in denen die Dokumente nicht im Wortlaut publiziert sind [vgl. Anm. 59] verstärken andere Belege den Eindruck, daß die Besitzer der Güter Leute mit beträchtlichem Vermögen waren.[60]

Soweit ich sehen kann, ist eine solche Möglichkeit in den Spekulationen über den Status der Töpfer und über Töpfereiwerkstätten bisher nicht berücksichtigt worden. Ich will nicht etwa behaupten, daß die Verpachtungen in Oxyrrhynchos ein verbreitetes Verfahren dafür repräsentieren, wie man in der römischen Welt Töpferbetriebe aufgezogen hat (obwohl ich ebensowenig sehe, wie man das Gegenteil beweisen will). Ich will lediglich die ganz einfache Feststellung treffen, daß der archäologische Befund oder die archäologische Untersuchung *allein und für sich genommen* weder eine solche rechtliche und wirtschaftliche Struktur offenlegen kann, wie sie die Oxyrrhynchos-Papyri zeigen, noch alternative Strukturen in Arezzo, Puteoli, Lezoux oder Nordafrika. Der Ausbruch an polemischer Rhetorik, mit dem Carandini seinen Überblick über die Geschichte der nordafrikanischen Keramik in den letzten Jahrhunderten der Antike abschließt,[61] ist lediglich dazu angetan, die Aufmerksamkeit von dem Mangel an Belegen über die »sozialen Umstände der Produktionsweise« dieser Keramik abzulenken und davon, daß es, wie ich meine, unmöglich ist, diese Lücke in unserer Kenntnis allein mit Hilfe archäologischer Belege zu schließen. Nicht zum ersten Mal zitiere ich dazu Stuart Pigott:

»Die Technik ist ein Gebiet, das durch unmittelbare archäologische Belege erhellt werden kann [...], und von dort ausgehend [...] können wir Rückschlüsse auf die wirtschaftliche Produktion und auf den Menschen als Bestandteil seiner Umwelt ziehen. Aber wenn wir versuchen, auf etwas wie die Sozialstruktur oder religiöse Bräuche im weitesten Sinne zurückzuschließen, dann werden solche Belege fast völlig zweifelhaft.«[62]

Diese ›harte Doktrin‹, wie Pigott es einmal ironisch genannt hat, muß unannehmbar sein für Leute, die bereit sind, Troja II ein ›urbanes‹ (oder zumindest ›proto-urbanes‹) Zentrum der frühen Bronzezeit zu nennen, als sein Gebiet nur ungefähr einen Hektar umfaßte.[64] »Das ist nur eine Frage der Definition der Termini«, meint Renfrew dazu, und unter dem unmittelbaren Eindruck dieser brutal vereinfachenden Ansicht hat Guidi nunmehr die proto-urbane Phase Roms in das Ende des 9. Jahrhunderts zurückdatiert.[65] Daß eine solche Typologie für den Historiker von großem Nutzen sei, wage ich zu bezweifeln: die sorgfältige Definition

37

der Termini ist kein so ›einfaches‹ Unterfangen.[66] Das Studium der Amphoren ist heute in erster Linie das Studium von Produktion und Handel, und die Belege, die die Amphoren liefern, können, wie man kürzlich gemeint hat, »nur dann in angemessener Weise bewertet werten, wenn das vor dem Hintergrund dessen geschieht, was wir aus der literarischen und inschriftlichen Überlieferung und den noch zu wenig herangezogenen Rechtsquellen über das System der Vermarktung wissen.«[67] Folgendes sollte ich vielleicht ganz klar sagen: Ich sehe keinen Grund, warum wir zwischen den ›Belegen‹, die die Amphoren liefern, dem ›Hintergrund dessen, was wir wissen‹ und noch anderen Arten von Quellen unterscheiden sollten. Was sie alle miteinander verbindet, ist am Ende der konzeptuelle Rahmen, den ein Historiker seiner Arbeit zugrundelegt: ein Rahmen, der, wie wir gesehen haben, den Historikern der Antike fehlte, um die Untersuchungen anzustellen, die uns heute beschäftigen. Über den indes die heutigen Historiker im Überfluß verfügen.

III. Dokumente[1]

In der Einleitung zu seiner Londoner Antrittsvorlesung ›Antike Wirtschaftsgeschichte‹ schrieb A. H. M. Jones folgendes: »Das Hauptproblem der antiken Wirtschaftsgeschichte ist von der Art, daß ich zögere, es vor einem gemischten Publikum einzugestehen [...] aus Furcht, daß die Alte Geschichte in Mißkredit gerate. Doch ist nicht wahrscheinlich, daß ich die beschämende Wahrheit sehr lange werde verbergen können, daß es nämlich für die Antike keine Statistiken gibt.«[2] Nachdem er die Situation anhand von Beispielen geschildert hatte, kam er am Ende zu dem Schluß, es sei »nicht sehr ertragreich, die wirtschaftlichen Probleme der antiken Welt von der statistischen Warte aus anzugehen. Ein paar begrenzte Ergebnisse könnten erzielt werden und sind erzielt worden, auf einigen wenigen Gebieten [...], aber anspruchsvollere Absichten können nur zu einem dünnen Netz brüchiger Vermutungen führen.«

Der Tenor dieser programmatischen Erklärung ist genauso wichtig wie ihre substantielle Aussage. Sie wurde im Jahre 1948 geschrieben, als man auf der Schwelle zu einer Entwicklung stand, die durch den explosiven Einfluß der quantitativen Wirtschaftswissenschaft auf Historiker und die rasche Herausbildung der neuen quantitativen Geschichte (oder Geschichte der langen Reihen – *histoire sérielle* – oder Cliometrie) gekennzeichnet war. Aber was Jones mit ›Statistiken‹ meinte, hatte nichts mit Korrelationen, Regressionsanalyse, Standardabweichungen, Bewertungsmaßstäben oder Faktorenanalyse zu tun; mit dem Begriff ›Statistiken‹ war wenig mehr gemeint als Zahlen in Form von Tabellen oder Kurven darzubieten, Durchschnittswerte zu ermitteln und Maxima und Minima festzustellen. Geld z. B. scheint in den Tagen des Demosthenes fünfmal weniger wert gewesen zu sein als zweihundert Jahre früher zur Zeit Solons; es gab mehr als 10 000 Privathäuser innerhalb der Mauern Athens und ihr Preis reichte von 300 bis 12 000 Drachmen; das normale Entgelt für eine Prostituierte betrug zwischen einem halben Obolos und zwei Drachmen (zwölf halben Oboloi), obwohl eine Frau wie Laïs 10 000 Drachmen für eine Nacht bekommen konnte. Diese Beispiele sind in beliebiger Reihenfolge dem 1. Buch der 1. Auflage (1817) der 1000-seitigen *Staatshaushaltung der Athener* des August Boeckh entnommen. Es herrscht kein Mangel an Zahlenangaben in den antiken Quellen – es mögen nahezu eine Million sein –, und ebensowenig herrscht für die letzten zwei Jahrhunderte Mangel an Antiquaren und Historikern, die sie gesammelt und manipuliert und aus ihnen weitreichende Schlüsse gezogen haben. Jones wußte das alles, aber dennoch hatte er nicht unrecht, wenn er feststellte, daß es »in der Antike keine Statistiken gibt«, daß »anspruchsvollere Absichten«, Statistiken zurechtzumachen (wie ich es bezeichnen würde), »nur zu einem dünnen Netz brüchiger Vermutungen führen« können. Zu diesem Schluß kam er aufgrund mehrerer Beobachtungen: die bekannte Unzuverlässigkeit so vieler Zahlenangaben, ihre zielgerichtete Auswahl und die verstärkte Bevorzugung untypischer Zahlen, und schließlich die Schwierigkeit (wenn nicht Unmöglichkeit), die vielen isolierten Angaben zu sinnvollen Reihen zusammenzufügen, sei es für einen begrenzten zeitlichen Rahmen oder über längere Zeiträume.

Nichtsdestoweniger hat die leidenschaftliche Vorliebe der Alten Geschichte für Zahlen, die auf dem Gebiet der Wirtschaftsgeschichte und der Demographie am stärksten ist, sich aber auch in anderen Teilgebieten mehr und mehr ausbreitet, seit den Tagen Boeckhs zugenommen. Der psychologische Hintergrund ist klar. Zahlen erzeugen den Anschein von ›Objektivität‹, von ›Wissenschaftlichkeit‹, was in der Tat mit einem Schwall von Rechtfertigungsgründen garantiert wird, und Zahlen machen die Darstellung des Historikers auch lebendiger und lebensnaher für den Leser. ›Zwölfmal‹ scheint dem Leser viel mehr zu sagen als ›sehr selten‹, obwohl diese vereinzelte Zahlenangabe falsch sein kann und in jedem Falle weniger aussagt. Diese psychologische Einstellung, die sich mit dem Minderwertigkeitskomplex des Althistorikers gegenüber seinen glücklicheren Kollegen in der neuzeitlichen oder gar der mittelalterlichen Geschichte verbindet ist so tief verwurzelt (die »beschämende Wahrheit«, von der Jones spricht), daß sehr viele der Versuchung, das »dünne Netz brüchiger Vermutungen« zu knüpfen, nicht widerstehen können. Jones selbst hat gezeigt, daß er nicht widerstehen konnte. Ich will ein Beispiel nennen: in einem kurzen, allgemein gehaltenen Aufsatz über die antike Sklaverei rechnete er aus, daß der Preis eines Sklaven im Römischen Reich im 2. Jahrhundert n. Chr. »acht bis zehn Mal seinen jährlichen Lebensunterhalt« ausmachte, »hingegen ein bis einundeinviertel des jährlichen Lebensunterhalts« im Athen des 4. Jahrhunderts v. Chr.[3] Ich will die phantastischen Rechenkunststücke nicht nachvollziehen, mit denen der Preis eines »normalen Sklaven« ermittelt wurde und die dem Eigentümer entstehenden Kosten für seinen Lebensunterhalt, indem eine Handvoll verstreuter, in völlig unterschiedlichen Zusammenhängen in der Literatur vorkommender Angaben manipuliert wurden; das waren häufig ganz offensichtlich humoristische oder absurde Bemerkungen, wie jenes kurze satirische Gedicht des Martial (6,66) über die Versteigerung einer Prostituierten: der Auktionator küßte die Dame mehrmals, »um ihre Reinheit zu zeigen«, worauf der Kunde, der 600 Sesterzen geboten hatte, sein Gebot zurückzog. Ich führe dieses spezielle Beispiel nicht an, um die Absurdität solcher Rechnungen zu demonstrieren, sondern erstens um auf die weitverbreitete fälschliche Annahme aufmerksam zu machen, daß jedweder Vergleich zweier Daten an und für sich schon sinnvoll sei, wie in diesem Fall der zwischen einer einzelnen griechischen *polis* im 4. Jahrhundert v. Chr. und dem gesamten Römischen Reich als einer einzigen Einheit fünfhundert Jahre später;[4] und zweitens um die Anziehungskraft zu denunzieren, die solche Rechnungen ausüben (und die durch den Anschein der Vorsicht noch gefördert wird: »acht bis zehn Mal«), und zwar sowohl auf Fachleute, die im allgemeinen die Schlußfolgerungen übernehmen ohne die Basis zu prüfen, wie aber auch auf Fachfremde, die sie aufgrund der Autorität des Autors akzeptieren.[5]

Ich will jedoch hinzufügen, daß Jones eine der größten Autoritäten unter den Althistorikern unserer Tage war und einer der Intelligentesten und Geschicktesten im Umgang mit den in antiken Texten zu findenden Zahlen. Gerade dieser Umstand macht das gegebene Beispiel so bezeichnend und nicht übertrieben. Und ich will auch sogleich noch sagen, daß ich jeden gerechtfertigten Versuch, die Alte Geschichte quantitativ zu erfassen, willkommenheiße, so wie ich die neue serielle Geschichte willkommenheiße – und mit Neid erfüllt bin –, obwohl ich nicht so weit gehen würde wie Furet mit seiner scharfen Alternative von »Problemgeschichte *(histoire problème)* statt erzählender Geschichte«.[6]

In mancher Hinsicht ist es richtig zu betonen, daß das, was man die ›statistische Epoche‹ genannt hat, erst im fortschreitenden 19. Jahrhundert begonnen hat, und daß alles, was davorlag, zur ›vorstatistischen Epoche‹ gehörte;[7] aber in anderer, vielleicht vorrangiger Hinsicht liegt der entscheidende Einschnitt sehr viel früher, irgendwann nicht zu spät im Mittelalter. So hat man sich vor einigen Jahrzehnten gefragt, »ob eine kritische Untersuchung der Unterlagen über die Besteuerung zu Schlußfolgerungen über die geographische Verteilung des Wohlstands [in England] führen kann«.[8] Eine erste Untersuchung erstreckte sich auf den langen Zeitraum der Jahre 1086 bis 1843, eine zweite nur auf die Zeit von 1334 bis 1649. Beide Studien wendeten zwei hochentwickelte statistische Verfahren an, Spearmans Rangordnungskorrelation und Pearsons Korrelationskoeffizienten, und kamen zu unterschiedlichen Ergebnissen (die jeweils bis in die statistischen Details erläutert waren). Diese unterschiedlichen Ergebnisse resultieren jedoch nicht aus rechnerischen Fehlern oder weil man wesentliche Teile der Dokumentation übersehen hatte, sondern sie ergaben sich allein aus einer unterschiedlichen Einschätzung des Trends in den Angaben und der Gewichtung bestimmter Variablen.[9]
Ich erwähne die unterschiedlichen Ergebnisse nur beiläufig um zu zeigen, daß selbst die sorgfältigsten Arbeiten der modernen Geschichte der langen Reihen nicht den Grenzen und Risiken entrinnen können, die einer komplexen Analyse mit mehreren veränderlichen Größen innewohnen mit ihren Erfordernissen, einige Faktoren konstant zu halten, andere einzuordnen sowie Umfang und Verhalten wieder anderer festzulegen: Das Ergebnis sind scharfe Meinungsunterschiede und Kontroversen, oder waren es zumindest bisher immer, und zwar nicht in Hinsicht auf die technischen Verfahren als solche, sondern über die analytischen Präferenzen und die sich daraus ergebenden Folgerungen. Aber der Haupt-

grund, warum ich dieses besondere Beispiel angeführt habe, liegt darin meine Feststellung zu untermauern, daß sich der erste unüberbrückbare Graben eben zwischen der Alten und der (zumindest späten) Mittelalterlichen Geschichte auftut. Natürlich kann ein Althistoriker ohne weiteres vergleichbare *Fragen* stellen; er kann z. B. fragen, wie der Wohlstand unter den Provinzen des Römischen Reiches geographisch verteilt war und wie diese Verteilung sich in der Zeit zwischen Augustus und Diokletian veränderte. Indes selbst wenn er die zweite Hälfte der Frage beiseiteläßt, kann er nicht zu der nächsten unvermeidlichen Frage übergehen, nämlich welche Angaben über Steueraufkommen (oder irgendwelche vergleichbaren Angaben) ihm Antwort geben könnten. Solche Angaben gibt es nicht. Bestenfalls kann er, bisweilen mit ziemlicher Wahrscheinlichkeit, Antworten bieten wie: ›Pannonien war ärmer (oder sogar sehr viel ärmer) als Gallien.‹

»Der vornehmliche Grund für unser mangelndes Wissen«, erklärt Jones in seiner Antrittsvorlesung, »ist, daß der größte Teil unserer Quellen literarischer Art ist und nicht Urkunden«. Die literarischen Quellen seien durch viele Fehler in der handschriftlichen Überlieferung beeinträchtigt und von Anfang an durch die Gleichgültigkeit der meisten antiken Autoren gegenüber wirtschaftlichen Fragen und ihre unbekümmerte Nachlässigkeit bei Zahlenangaben entwertet, das zur Verfügung stehende Dokumentenmaterial bestehe zum ganz überwiegenden Teil aus den Papyri Ägyptens, »einer zufälligen Anhäufung von Urkunden und Urkundenresten von zumeist nebensächlicher Bedeutung«, häufig »in höchst fragmentarischem Zustand« und »von extrem lokalen Zuschnitt« (ganz besonders auch deshalb, weil es praktisch keine Papyri aus Alexandria gibt, wo die Bodenbeschaffenheit die Erhaltung weggeworfenen Papyrusmaterials nicht erlaubt). Kein Althistoriker würde dem widersprechen, doch wenn das die ganze Wahrheit wäre, dann wären wir zu der Schlußfolgerung gezwungen, es sei nur Pech, daß der Althistoriker sich in seiner einzigartig schwierigen Situation befinde: seine Angaben über Steueraufkommen seien nicht erhalten geblieben, während die des mittelalterlichen Historikers glücklicherweise noch in ausreichender Anzahl vorhanden seien. Um noch einmal Jones zu zitieren: »Wenn wir nur einen kleinen Bruchteil des von antiken Staatsführungen zusammengetragenen statistischen Materials besäßen, hätten wir wohl wenig Grund, uns zu beklagen.«

Folgerichtig kann man nichts anderes tun, als mit dem bösen Schicksal zu hadern, aber auch das ist nur vergeblich. Ich hingegen gehe davon aus, daß die Gründe unserer Not tiefer liegen, daß selbst dann, wenn wir einen beachtlichen Teil der von Staatsführungen zusammengetragenen Zahlen hätten, unsere Lage ebenso prekär wäre wie jetzt bei ihrem Fehlen. ›Eine Zahl ist eine Zahl ist eine Zahl‹ mag eine rechte Nachempfindung Gertrude Steins sein, aber es ist eine falsche, wenn auch weitverbreitete vorgenommene Gleichsetzung bei historischen Untersuchungen oder Vergleichen, insbesondere bei Untersuchungen, die längere Zeiträume behandeln. Die Sammlung und Ausrechnung von Zahlenmaterial und von Statistiken ist wie die Anlage von Archiven ganz allgemein, eine Funktion der jeweiligen Gesellschaft, die das tut, und diese Funktion verändert sich, häufig von Grund auf, indem die Gesellschaft sich ändert. Diese Behauptung will ich im folgenden überprüfen und mich dabei auf die *schriftlichen Urkunden* aus der Antike konzentrieren, während ich literarisches Material nur von Zeit zu Zeit zur Bestätigung oder Verdeutlichung heranziehen möchte. Irgendwie sind alle Urkunden im Original, die aus der Antike erhalten sind, das Ergebnis archäologischer Tätigkeit, sei es von Fachleuten oder von Amateuren, sei sie beabsichtigt oder zufällig. Wenn ich mich auf diejenigen Funde beschränke, auf denen Schriftzeichen (oder entsprechende Symbole) zu erkennen sind, selbst wenn es sich dabei nur um einen Stempel auf einem Mauer- oder Dachziegel handelt, so geschieht das nicht, weil ich die wachsende Bedeutung ›stummen‹ archäologischen Materials geringachten will, sondern allein deshalb, weil die Methoden und Probleme der Bewertung dieser letzteren Art von Quellen andere Überlegungen erfordern und das den Rahmen dieser Untersuchung sprengen würde.

Zunächst müssen zwei grundsätzliche Unterscheidungen, die beide auf der Hand liegen, getroffen werden. Die erste ist die Trennung in Dokumente, die von Privatpersonen an Privatpersonen (oder Gruppen wie eine Gesellschaft von Steuerpächtern) gerichtet sind, und solche, die von einer öffentlichen Institution, d. h. dem Staat oder einer Unterabteilung des Staats (wie dem *demos* in Athen) oder von einem Heiligtum ausgehen. Zweitens muß zwischen Dokumenten, die für den privaten Umlauf und Dokumenten, die für eine öffentliche Bekanntmachung bestimmt waren, unterschieden werden. Daß einige Kategorien von Urkunden nicht eindeutig eingeordnet werden können, ist letztendlich nur von unerheblicher Bedeutung: für den Privatbrief eines römischen Kaisers z. B. war es wahrscheinlich, daß er vom Empfänger bekanntgemacht wurde, und wenn dieser eine *polis* war, sogar auf Stein oder Bronze. Solche ›Mischformen‹ brauchen uns nicht aufzuhalten. Wichtig und geradezu ernüchternd ist hingegen die Einsicht, wie wenige Kategorien des erhaltenden Materials zahlenmäßig bemerkenswert sind. Bis in die Hunderttausende zählen die Ziegel- und Keramikstempel, die Grabinschriften, Münzlegenden und Symbole auf Münzen sowie die Papyri Ägyptens. Letztere reichen von Quittungen und kurzen Notizen bis zu Briefen, Steuerverzeichnissen oder Abschriften königlicher Verordnungen, und all das ist erhalten infolge der besonderen klimatischen Bedingungen in einer ganz speziellen Gegend südlich des Nildeltas, die völlig auf Bewässerung angewiesen war. Abgesehen von diesen Gruppen nimmt die Gesamtzahl für den jeweiligen Typ von Dokumenten schnell ab und liegt in den Zehntausenden, oft nur Tausenden – und das sind die Zahlen für das gesamte griechisch-römische Altertum, also für einen Zeitraum, wie man sich erinnern wird, von ungefähr tausend Jahren und für einen geographischen Bereich, der einen großen Teil Europas, Nordafrikas und das westliche Asien umfaßte.[10]

Die erste Frage, die man sich in bezug auf jedes Dokument zu stellen hat, ist die nach dem Anlaß oder Motiv, um dessentwillen es geschrieben wurde. Diese Frage wird nicht oft genug gestellt, weil stillschweigend angenommen wird, daß Motive und Ziele sich von selbst verstehen, d.h. daß sie mehr oder weniger den unseren gleichen. Im Gegensatz dazu würde ich behaupten, daß in der Antike der Zweck eines jeden Dokuments war, entweder eine Information (oder eine falsche Information) zu vermitteln oder etwas festzuhalten, aber nicht Unterlagen für politische Entscheidungen oder für die Analyse der Vergangenheit, Gegenwart oder Zukunft zu liefern.

In seiner kurzen, aber detaillierten Schilderung der Pflichten eines athenischen Beamten seiner Tage beschreibt Aristoteles, wie bestimmte finanzielle Einzelheiten aufgezeichnet wurden in Hinblick darauf, daß Zahlungen in verschiedenen Zeiträumen (Prytanien) des Jahres fällig wurden, manchmal in Raten über die Dauer von mehr als zehn Jahren:

»Und was die für das Jahr verpachteten Steuern betrifft, so schreiben sie (die *poletai*) den Namen des ›Käufers‹ und um wieviel er gekauft hat auf geweißte Tafeln und übergeben sie dem Rat. Darüberhinaus schreiben sie auf zehn Tafeln diejenigen auf, die in jeder Prytanie etwas zahlen müssen, und außerdem die, die dreimal im Jahr zahlen müssen, auf Tafeln nach jeder Fälligkeit getrennt, und die, die in der neunten Prytanie zahlen müssen [...] Die Tafeln, die nach Fälligkeit (der Zahlungen) aufgeschrieben wurden, werden dem Rat vorgelegt, der Staatssklave bewahrt sie auf. Bei Fälligkeit einer Zahlung waren es die Finanzbeamten *(apodektai),* die in Gegenwart des Rats im Ratsgebäude die gezahlten Beträge löschten und die Tafeln dem Staatssklaven wieder zurückgaben.« (Aristot. Ath. pol. 47,2–48,1)

Die Tafeln werden Auszüge aus den ursprünglichen Aufzeichnungen über Verkäufe und Verpachtungen gewesen sein, für die die *poletai* verantwortlich waren (die Verpachtung von Steuern, von Staatsbesitz, den Bergwerken, der Verkauf beschlagnahmten Besitzes). Wer den Stand der Dinge überprüfen wollte, mußte sowohl die Listen der ursprünglichen Transaktionen heranziehen, wo immer die auch aufgehoben wurden, sowie die Listen der zukünftigen Schuldner, d. h. derjenigen, deren Namen auf den geweißten Tafeln, die sich in Obhut eines einzelnen Staatssklaven befanden, noch nicht gelöscht waren. Eine so unbeholfene Art der Buchführung konnte lediglich zwei Aufgaben erfüllen: eine Übersicht über die dem Staat noch geschuldeten Gelder bieten und eine Kontrolle für den Fall grober öffentlicher Mißwirtschaft. Die Unzulänglichkeit der Aufzeichnungen mag überraschen, aber in einer Gesellschaft, bei der auch die offiziellen Bürgerlisten mit bemerkenswerter Nachlässigkeit geführt wurden, war dies nicht ungewöhnlich.[11]

Athen war nicht nur die größte griechische *polis* und diejenige, die wahrscheinlich in die größte Zahl finanzieller Transaktionen verwickelt war, sondern es war auch die grundsätzlich demokratische *polis,* die die stärkste Veranlassung dazu haben mußte zu nutzen, was man die ›Polizeifunktion‹ von Dokumenten und Aufzeichnungen nennen könnte. Daher gibt es keinen Grund anzunehmen (und keinen Beleg für eine solche Annahme), daß andere *poleis* eine Buchführung hatten, die ›fortschrittlicheren‹ oder komplizierteren Zwecken dienen sollte. Uns ist so wenig davon überliefert, daß diese Behauptung nicht voll bewiesen werden kann. Aber die Tatsache, daß es nicht gelungen ist, eine Bürokratie zu schaffen, ohne die regelmäßige Aufzeichnungen und ihre zusammenhängende Betrachtung zu Zwecken der Analyse und Voraussage praktisch unmöglich sind, bestätigt diese Behauptung. Nur das griechisch-römische Ägypten, vielleicht auch das Seleukidenreich (über das wir in Hinblick darauf fast nichts wissen) und auf rudimentäre Art Rom unter den Kaisern, waren hinreichend bürokratisch organisiert. Aber welche praktischen Konsequenzen ergaben sich daraus? Unglücklicherweise gibt es keine Papyri aus Alexandria, so daß die einzigen öffentlichen Urkunden aus der Hauptstadt, die wir besitzen, Originale oder Kopien sind, die irgendwelchen Beamten auf dem Land gehörten. Ihre Zahl ist immerhin groß genug, um einen atemberaubenden Papierkrieg und einen ebenso erstaunlichen Wahn zu offenbaren. Vermutlich gaben solche Belege wie Steuerquittungen und Steuerlisten tatsächlich erfolgte Zahlungen und Eingänge leidlich genau wieder. Die politischen Dokumente indes offenbaren eine höchst primitive Vorstellung von Macht wie bei den Südseeindianern: der Gottkönig befahl den Wellen des Meeres stillzustehen, oder er befahl seinen Untertanen, jeden Quadratmeter Bodens nach seinen Wünschen anzupflanzen, die Ernte nach Vorschrift abzuliefern und sie zu von ihm festgesetzten Preisen zu kaufen und zu verkaufen. Und die Untertanen wie die Wellen des Meeres gehorchten. Im Gegensatz zu früheren Generationen von Papyrologen, die an eine ägyptische ›Planwirtschaft‹, an ›Merkantilismus‹, ›Staatskapitalismus‹ oder sogar ›staatlichen Sozialismus‹ glaubten, hat die neuere Forschung gezeigt, daß die ganze Dokumentation in Hinblick auf die Wirtschaftsgeschichte weitgehend irreführend ist, so wertvoll auch die Einblicke sind, die sie in die Mentalität der Könige und ihrer riesigen Bürokratie bietet.[12] Eine Bürokratie mag die notwendige Voraussetzung sein, die eine zur ökonomischen Analyse geeignete Dokumentation ermöglicht, aber sie ist keine hinreichende Voraussetzung.

Der Papierhunger machte sich auch im privaten Bereich breit: jede Zahlung, Anweisung, Verhaltensmaßregel und Beschwerde wurde schriftlich festgehalten (auf Papyrus oder auf Tonscherben), und das stand ganz im Gegensatz zu der Praxis im klassischen Griechenland. Ein Grieche im ptolemäischen Ägypten wäre verblüfft und belustigt gewesen angesichts jenes überlieferten Falles, in dem der Kläger in einem attischen Prozeßverfahren, der vier seinem verstorbenen Vater, dem Bankier Pasion, geschuldete Beträge einklagte, es für notwendig hielt, dem Gericht zu erklären, wie er zu dem genauen Gesamtbetrag von 4438 Drachmen und 2 Obolen gekommen sei (Demosthenes 49,5). Bankiers, sagte er, »führen gewöhnlich Buch über die Gelder, die sie ausgeben und wofür, und über die, die jemand zahlt, damit sie für ihre Abrechnung Kenntnis haben von dem, was aussteht oder bezahlt ist«. Jeder, der sich nur ein wenig mit griechisch-römischen Papyri beschäftigt hat, wird den Kontrast sofort erfassen.

In diesem Zusammenhang verdient jene Sammlung von Dokumenten, die im allgemeinen als die ›Zenon-Papyri‹ bezeichnet werden, besondere Beachtung.[13] Mehr als zweitausend dieser Dokumente sind publiziert worden; sie stammen aus dem Zeitraum von 261 v. Chr. bis sicherlich 239 v. Chr. und möglicherweise sogar 229 v. Chr. und kamen alle von einem einzigen Landgut im Fayum, jener von den ersten Ptolemäern urbar gemachten Oase. Das 2800 Hektar große Gut war ein widerrufliches ›Geschenk‹ (dorea) des Ptolemaios II Philadelphos an seinen höchsten Finanzbeamten Apollonois und wurde während des überwiegenden Teils des genannten Zeitraums unter der Leitung eines Griechen aus Kleinasien namens Zenon intensiv bewirtschaftet. Zu diesen Papyri gehört auch eine beachtliche Zahl von offiziellen Dokumenten, aber bei der überwiegenden Mehrheit handelt es sich um Privatpapiere jeder denkbaren Art. (Angesichts der Stellung des Apollonios und des Charakters der ptolemäischen Herrschaft sind die Kategorien ›öffentlich‹ und ›privat‹ jedoch nicht leicht voneinander zu unterscheiden). Zenon war ein bemerkenswerter Mann, scharfsinnig, phantasievoll, verwegen und abenteuerlich, ihm erschien keine Angelegenheit zu klein oder zu groß, um sich nicht persönlich damit auseinanderzusetzen. Doch ist die moderne Forschung auch nach einem halben Jahrhundert intensiver Beschäftigung noch nicht über die Aufzählung von Einzelheiten dieses Unternehmens hinausgekommen. Ein typisches Beispiel:

»Wir wollen kurz die verschiedenen Zweige der Viehzucht Revue passieren lassen. […] Einige Zahlen, auch wenn sie keine Gesamtzahlen sind, geben einen Eindruck von der Bedeutung des Viehbestandes in Philadelphia. Für die königlichen Feste werden von Apollonios 42 Kälber nach Alexandria geschickt. Eine Zählung der Schafe erreicht die Zahl von 6371 Stück. Ein Schäfer sieht sich in einem Fall mit 536 Schafen und 10 Ziegen betraut, ein anderer nimmt 144 Ziegen in Pacht. Eine Steuerabrechnung nennt 500, eine andere 356. Eine Schweineherde zählt in einem Fall 400 ausgewachsene Tiere und 211 Ferkel, ein Bericht über die Organisation der Schweinehaltung sieht vor, daß jedem der neun Hirten 70 Schweine anvertraut werden. […]«
»Was die Pächter angeht, die das Land der *dorea* bestellten, so ist die Frage, ob sie jene notwendige Arbeitshilfe, nämlich Lastesel und Pflugochsen besaßen? In einem Falle streckte Zenon Pächtern die notwendigen Mittel für den Erwerb eines Esels vor, der ihre Ernte transportieren sollte. Es gibt andere Fälle, wo ihnen der Esel geliehen wurde. Aber in der Zeit, wenn die Ernte eingebracht werden mußte, kam es vor, daß Zenon, statt den Bauern Esel zu leihen, sie von ihnen requirierte. Das provozierte heftige Beschwerden […].«[14]

So eine zusammenfassende Beschreibung aller Aktivitäten Zenons hinterläßt ohne Frage einen lebendigen Eindruck, oder ist besser gesagt ein Kaleidoskop der ihn umgebenden Gesellschaft, aber eine solche Beschreibung »eine wirtschaftliche Synthese«[15] zu nennen bedeutet, das Wort ›Synthese‹ seiner eigentlichen Bedeutung zu berauben. Es ist ebenso trügerisch, die Zenon-Papyri das ›Zenon-Archiv‹ (oder ein ›Dossier‹) zu nennen, wie den Inhalt meiner Schreibtischschubladen mit Fug und Recht als ein Archiv zu bezeichnen. Wenn Jones von einer »zufälligen Anhäufung von Urkunden und Urkundenresten von zumeist nebensächlicher Bedeutung« spricht, so trifft das nicht allein auf die Papyri zu, die wir zufällig wiederentdeckt haben, sondern paßt meiner Meinung nach ebenso als Bezeichnung für die ursprünglich einmal vorhandene Menge der Papyri. Ein reiner Zufall, eine Schicksalsfügung hat uns eine Aufzählung des gesamten Viehbestandes auf dem Gut vorenthalten, die Apollonios einmal von Zenon verlangt hatte,[16] und ohne Frage gab es noch eine Vielzahl ähnlicher Dokumente. Wenn die über zweitausend Zenon-Papyri, die aus dem Papierkorb geholt worden sind, und die nicht abzuschätzende Zahl derer, die nicht gefunden wurden, alle von Zenon tatsächlich aufgehoben und nicht weggeworfen worden wären, dann hätten vermutlich er und seine Mitarbeiter mit etwas Mühe bessere zusammenfassende Berichte anfertigen können, vielleicht über den jährlichen Getreideertrag während des gesamten Zeitraums seiner Verwaltertätigkeit, oder über Preisschwankungen oder Änderungen im Fruchtwechsel usw.[17] So hingegen überzeugen mich alle Belege davon, daß solche Gedanken ihm und der Gesellschaft, in der er lebte, fremd waren, daß seine riesigen Mengen an Papier aus alltäglichen Schriftstücken bestand, die für den alltäglichen Gebrauch bestimmt waren und kaum mehr waren als Anweisungen, Kaufaufträge, Zahlungsanweisungen, Quittungen mit minimalen Details. Und ich glaube, daß dasselbe auch für die Aufzeichnungen der königlichen Bürokratie galt. Da die Psychologie des Regimes auf dem Gehorsam der Untertanen gegenüber königlichen Anordnungen zu jedem Zeitpunkt und bei jeder Handlung ihres Lebens aufbaute, erweckt die Masse an Papier die Illusion einer allumfassenden nachträglichen Abrechnung und einer Vorausplanung, aber das ist eben nur eine Illusion.

Die erhaltenen römischen Dokumente sind so rar, daß sie über das bereits Gesagte hinaus nichts Neues beitragen können. Doch das landwirtschaftliche Handbuch des Cato, das aus der Mitte des 2. Jahrhunderts v. Chr. stammt, und des Columella, das zwei Jahrhunderte später entstanden ist, sind von Interesse. Cato war ein Kompilator, der nicht nur Einzelheiten streng landwirtschaftlichen Charakters zusammentrug, sondern auch alles Mögliche andere: welchen Hausrat man auf einem gewöhnlichen Landgut benötigte, welche Kleidung man den Sklaven in bestimmten Abständen zuteilen sollte, welche Arbeiten man sommers und winters zu vergeben hatte usw. All seine wirtschaftlichen Urteile sind jedoch reine Behauptungen, angefangen von der ersten Entscheidung über die Wahl eines Gutes und seinen Ratschlägen zur Auswahl der anzubauenden Produkte bis zu dem, was er über die Vermarktung zu sagen hat. Seine bekannte Maxime, man solle, wann immer möglich, verkaufen und niemals kaufen, zeugt von völliger Ahnungslosigkeit in Hinblick auf Vorstellungen der Kostenrechnung, und Mickwitz hat schon vor 50 Jahren gezeigt, daß Cato (und die anderen Agrarschriftsteller) in der Tat die Techniken der Buchführung, die selbst für eine einfache Analyse unerläßlich wären, nicht beherrschten.[18] Einen stichhaltigen Beweis bietet der ›spezialisiertere‹ Columella: er versucht zwar, einige Berechnungen anzustellen, und moderne Autoren haben daraus Angaben über den Preis von Ackerland und die durchschnittliche Gewinnspanne abgeleitet, die nun regelmäßig in jedem Buch über römische Wirtschaftsgeschichte wiederkehren. Aber man kann zeigen (und es ist in der Tat gezeigt worden), daß Columellas Rechnungen die Last nicht tragen können, die man ihnen aufgebürdet hat.[19]

Ich sehe das nicht zu naiv. Natürlich kannten Cato oder Columella oder irgendein aufmerksamer Landbesitzer, besonders wenn er einen guten und redlichen Verwalter hatte, eine annehmbare Zahl von Faustregeln aus eigener Erfahrung und aufgrund der Erfahrung anderer; sie wußten, ob es an einem bestimmten Ort und zu einer bestimmten Zeit auf einem Stück Land besser war, Wein anzupflanzen oder Getreide, und so fort, auch wenn sie ihre Entscheidung nicht durch Kostenrechnung rechtfertigen konnten. Im übrigen – und das halte ich von psychologischer Seite her für entscheidend – war die Ertragsrate so groß, daß die Besitzer größerer Güter in der Antike regelmäßig beträchtliche Einkommen aus ihrem Besitz bezogen. Aufzeichnungen brauchten sie lediglich, um die täglichen Geschäfte und die Ehrlichkeit ihres Personals oder der Pächter überprüfen zu können (wieder eine ›Polizeifunktion‹). Kleinbauern hatten keine Entscheidungsspielräume und daher keinen Bedarf an Aufzeichnungen, es sei denn als möglichen Schutz gegen illegale Ausbeutung.

Außerhalb Ägyptens sind uns Dokumente von Regierungsseite nur dann erhalten, wenn die Regierung beschloß, den Text auf dauerhaftem Material, d.h. Stein oder Bronze, öffentlich auszustellen (wenn man von den Zitaten in der literarischen Überlieferung einmal absieht). Hier drängt sich die Frage nach den Motiven für eine solche Praxis auf. Und die erste ins Auge fallende Erklärung ist, daß dieses Vorgehen in engem Zusammenhang mit dem politischen System steht. In den Jahrhunderten vor Alexander dem Großen war Athen einzigartig unter den griechischen *poleis* in seiner Praxis, eine beachtliche Zahl verschiedenartiger Dokumente zu ›veröffentlichen‹ – die Zahl derer, die erhalten und bekannt sind, geht heute in die Tausende. Im Gegensatz dazu hat z. B. Korinth fast überhaupt keine Dokumente hervorgebracht, und die Griechenstädte Siziliens nur eine Handvoll. Daß dieser unterschiedliche Befund nichts anderes sei als das Ergebnis archäologischer Zufälligkeit, kann heute nicht mehr behauptet werden: das Korinth der klassischen Zeit z. B. ist vollständig bis auf die Grundmauern ausgegraben worden. Daraus kann nur folgen, daß wir hierin einerseits eine Begleiterscheinung der attischen Demokratie zu sehen haben und andererseits eine Begleiterscheinung der Oligarchie in Korinth (oder anderswo). Ich sage ›der attischen Demokratie‹, weil keine der anderen Demokratien der athenischen Praxis folgte; das ist eine interessante Sonderstellung, die weiteres Nachdenken verdiente.

Viele Jahrhunderte nach Alexander entwickelten sich andere Verfahrensweisen, aber es ist nicht notwendig, sie alle aufzuzählen. Ein interessanter Fingerzeig ist gleichwohl, daß von all den öffentlich ausgestellten römischen Gesetzen, *senatus consulta* und kaiserlichen ›Verordnungen‹ bis zur Zeit Konstantins aus dem gesamten Gebiet unter römischer Herrschaft kaum einhundert halbwegs erhalten sind. Kurz, was uns (außer aus Athen) für die gesamte Antike zur Verfügung steht, sind über den gesamten Mittelmeerbereich verstreute Dokumente, bei denen es sich in der Mehrzahl um isolierte Texte ohne größeren Zusammenhang handelt. Sie bieten daher weder eine gute Basis für ihre Interpretation (geschweige denn für Vergleiche oder allgemeine Aussagen) noch eine Basis dafür zu verstehen, warum gerade dieses spezielle Dokument öffentlich zugänglich gemacht wurde und nicht eine beliebige Zahl anderer.[20] Zwei anschauliche Beispiele werden genügen:

1. Kurz vor seinem Tod befahl Alexander den griechischen *poleis* ihre Flüchtlinge und Verbannten zurückzurufen – eine Anordnung, die er durch den Herold bei den Olympischen Spielen des Jahres 324 v. Chr. verkünden ließ. Man braucht der Überlieferung nicht zu glauben, daß sich mehr als 20 000 Verbannte in Olympia versammelt hatten, um die Verkündigung zu bejubeln, aber es kann kein Zweifel darüber herrschen, daß die fortgesetzten inneren Auseinandersetzungen Zehntausende zu Flüchtlingen gemacht hatten. Nicht alle waren willens oder in der Lage, in ihre Heimat zurückzukehren, aber es waren doch so viele, daß ihre Rückkehr furchtbare Schwierigkeiten auslöste. Die literarischen Quellen geben nur wenige Hinweise auf die politischen und sozialen Probleme, aber über die nicht weniger komplizierten Vermögensfragen schweigen sie sich gänzlich aus. Die Verbannung bedeutete in der Regel auch die Einziehung des Vermögens, das auf die eine oder andere Weise unter die Angehörigen der siegreichen Fraktion verteilt wurde. Die Rückführung der Verbannten ohne wenigstens einige Maßnahmen zur Rückgabe ihres Eigentums hätte Alexanders Dekret zu einer leeren Geste gemacht. Was hat man getan? Zwei Inschriften, die eine aus der Stadt Mytilene auf der Insel Lesbos, die andere aus Tegea auf dem griechischen Festland (aufgestellt in Delphi), halten fest, welche Schritte in diesen beiden Gemeinwesen unternommen wurden. Unglücklicherweise sind beide Steine nur unvollständig erhalten, und die Inschrift von Tegea ist so fragmentarisch, daß die Ergänzungen der Herausgeber oft wenig mehr sind als Vermutungen. In beiden Texten ist sehr vieles kaum verständlich, aber soviel ist doch klar, daß die Situation fast zu schwierig war um damit fertig zu werden, und daß die beiden Städte unterschiedliche Lösungen zu finden versuchten. Darüber hinaus sind nur wenige Einzelheiten erkennbar, doch folgendes ist völlig klar: wenn wir alle Einzelheiten aus einer hinreichend großen Zahl von Städten vorliegen hätten, würden wir mehr über Eigentum und insbesondere über Vermögensrecht in Griechenland im 4. Jahrhundert v. Chr. außerhalb Athens wissen, als wir heute aus allen erhaltenen Quellen, den literarischen und epigraphischen, tatsächlich wissen. Bei dem augenblicklichen Stand der Dinge indes ist nur weniges, was auf der Basis dieser zwei isolierten Texte geschrieben wurde, bedeutsam oder glaubhaft.[21]

2. Eine außerordentlich lange und gut zu lesende Inschrift aus Ephesos gibt die detaillierten Bestimmungen eines Schuldenerlasses bekannt, der notwendig geworden war, weil ein Krieg das Land verwüstet hatte und dadurch eine Krise ausgelöst worden war. Da Anfang und Ende der Inschrift fehlen, ist kein Datum erhalten, und im Text selbst findet sich kein Hinweis dafür, welcher Krieg die Schwierigkeiten in ein Gebiet gebracht hatte, das mehr als eine verheerende Invasion erlebt hatte. Aus Gründen, die wir hier nicht zu untersuchen brauchen, haben sich Forscher des 19. Jahrhun-

derts für eine relativ späte Datierung ausgesprochen, zumeist für die Zeit des Mithridatischen Krieges in denn 80er Jahren v. Chr. Mit einem Zirkelschluß wurde der Text dann als Beleg für die Heftigkeit und die Folgen dieses Krieges angeführt und auch dafür, daß sich die Regeln in bezug auf durch Landbesitz abgesicherte Darlehen gegenüber früheren Zeiten geändert hätten. Im Jahre 1912 fand ein Spezialist für ephesische Inschriften unwiderlegbare paläographische Argumente für eine Datierung in das 3. Jahrhundert v. Chr., und so traten die Kriege unter den Nachfolgern Alexanders um den Besitz Kleinasiens an die Stelle des Mithridatischen Krieges.[22] Der Text bestätigt uns demnach, daß die Diadochenkriege brutal und zerstörerisch waren, was schon hinreichend bekannt war, und er gibt uns willkommene neue Informationen über das Hypothekenrecht außerhalb Athens – willkommene, aber peinigende Informationen allerdings, wie man an der fehlenden Übereinstimmung der Rechtshistoriker sehen kann. Doch viel mehr ist dem Text nicht zu entnehmen: offen bleibt z. B. die Frage nach dem Grund für den beträchtlichen Bedarf an Darlehen gegen Landbesitz schon vor dem Krieg oder nach dem Grund dafür, daß die Frage nicht durch Landbesitz gesicherter Schulden offenbar keine ernsthaften Sorgen bereitete.

Die Dokumente, die gerade erwähnt wurden, sind in schweren Notlagen entstanden, und es ist leicht zu verstehen, warum es notwendig war, sie allseits öffentlich bekanntzumachen. Angesichts der Kommunikationsmöglichkeiten in jener Welt konnte das nur erreicht werden, indem man sie auf dem Marktplatz *(agora)* oder einem anderen zentralen Ort ausstellte. Weniger leicht zu verstehen ist hingegen, warum das auf Stein geschehen mußte mit jener Verheißung der Ewigkeit – einer Verheißung, die sich für den modernen Historiker erfüllt, wenn er dieselben Inschriftensteine zweitausend Jahre später liest. Für wieviele Jahre, fragt man sich, hielten die Ephesier es für notwendig oder möglich, den Stein mit der Aufzeichnung der Schuldenregelung stehenzulassen? Buchstäbliche Überfüllung des zur Verfügung stehenden Raumes muß in vielen Fällen die Entscheidung darüber bestimmt haben. Einige der attischen Inschriftensteine, die wir heute noch lesen können, haben eben deshalb überlebt, weil sie entfernt wurden und so eine alltägliche neue Verwendung etwa als Pflastersteine oder Brunnenfassungen fanden. Aber wie man sehen wird, überlebten andere die Jahrhunderte *in situ* ohne erkennbaren Grund.

In bezug auf die vielen attischen Inschriften zu den öffentlichen Finanzen liegt auf der Hand, warum die gewohnte Praxis, Inschriftensteine aufzustellen, sich auf solche Dokumente erstreckte wie die Listen der Tributzahlungen der ›Verbündeten‹ in der Zeit der athenischen Herrschaft im Seebund oder die Versteigerung des beschlagnahmten Besitzes der Männer, die man 415 v. Chr. des Hermenfrevels und der Entweihung der Eleusinischen Mysterien für schuldig befunden hatte. Die politische Bedeutung solcher Veröffentlichungen muß nicht erst bewiesen werden. Vielleicht ist es weniger einleuchtend, warum die von den Schatzmeistern ausgezahlten Summen für einen ganz bestimmten Feldzug auf ähnliche Weise für die Ewigkeit festgehalten werden sollten, oder warum im 4. Jahrhundert v. Chr. der gesamte Bestand an Kriegsschiffen und ihrer Ausrüstung, oder die jährliche Verpachtung der Konzessionen in den Silberbergwerken, wobei jede Mine sorgfältig durch Angabe der Grenzen bestimmt wurde.

Die hohe Aufmerksamkeit, die man Details schenkte, läßt sich am besten anhand der Aufzeichnungen über den Verkauf beschlagnahmten Besitzes nach dem zweifachen religiösen Frevel des Jahres 415 v. Chr. zeigen. Eine große Anzahl von Fragmenten mit mehr als eintausend Zeilen Text sind gefunden worden, und zwar meist im Bereich des Eleusinion in der Südwestecke der *agora*. Man hat rekonstruiert, daß diese Fragmente Teile von 10 (oder vielleicht 11) Stellen sind.[23] Nur etwas mehr als ein Viertel der Namen derjenigen, von denen bekannt ist, daß sie angeklagt wurden (Andokides, 1,12–18), tauchen in den Inschriften auf, so daß die vollständige Dokumentation auf Stein sogar noch voluminöser gewesen sein könnte. Die gewaltige Länge des Dokuments war durch den Umstand bedingt, daß jedes einzelne Objekt, das von den *poletai* versteigert wurde, getrennt mit seinem Preis und der Verkaufssteuer (ungefähr ein Prozent) aufgeführt wurde. Die Einzelposten reichen von einer Pritsche und einem Dreifuß, die beide für 2 Obolen verkauft wurden, bis zu einer Reihe verstreuter Landgüter in Euboia, die einem sonst nicht bekannten Oionias gehörten und die Summe von 81⅓ Talenten einbrachten; das ist viermal der Preis des sonst überlieferten größten Landbesitzes in Attika, nämlich dem des Bankiers Pasion (Ps.-Demosthenes 46,13), es sei denn, der Steinmetz hätte sich beim Abschreiben geirrt.

Man kann zwar verstehen, daß die Athener Vergnügen und Befriedigung dabei empfanden, wenn sie die Höhe des Tributs nachlesen konnten, den jeder unter ihrer Herrschaft stehende Staat zahlte, aber es strapazierte die Vorstellungskraft doch über die Maßen, wollte man wirklich glauben, daß sie ebenso interessiert waren, den einzelnen Preis eines jeden Stücks an Keramik, Hausrat und Zubehör aus dem beschlagnahmten Besitz des Alkibiades zu erfahren, oder die Nationalität und den Preis eines jeden von den 16 Sklaven des Metoiken Kephisodot. Es war eine beträchtliche Aufgabe, die Angaben ohne Hilfe einer funktionierenden Bürokratie zusammenzustellen – 18 Monate ist eine realistische Annahme für die Zeit, die dazu benötigt wurde.[24] Natürlich waren für die in regelmäßigen Abständen stattfindenden Auktionen Ausstellungen erforderlich, aber warum wurden nach Abschluß der Versteigerung diese bleibenden vollständigen Listen in Stein gemeißelt und öffentlich ausgestellt? Die Erklärung muß in dem gesucht werden, was ich weiter oben die ›Polizeifunktion‹ antiker Finanzurkunden und Abrechnungen genannt habe.[25] Doch man sollte zumindest drei Schwierigkeiten nennen, die diese Erklärung mit sich bringt.

Es ist von entscheidender Wichtigkeit zu sehen, daß unter den inschriftlich erhaltenen attischen Finanzurkunden auch nicht die Spur eines globalen Textes zu finden ist, der z. B. das jährliche Einkommen oder die jährlichen Aufwendungen des attischen Staats zusammenfaßt.[26] Abgesehen von Dokumenten über die Gesetzgebung oder Staatsverträgen berichtet jeder Text, den wir kennen, von der Tätigkeit bestimmter Beamter, und zwar in so detaillierter Form, daß ein jeder, der das tun wollte, die Abrechnungen bis zu Vorgängen in der Größenordnung einer einzigen Obole kontrollieren und, wenn es notwendig erschien, Anklage wegen Mißwirtschaft erheben konnte. Die erste Schwierigkeit indes, die man mit der genannten Gruppe der Stelen von 415 v. Chr. hat, ist, wie Lewis erkannte, daß »die Versuche, die Zahlen zusammenzufassen, sporadisch und unbrauchbar sind. Selbst diese Zwischensummen sind nicht einheitlich je nachdem, wie die Verkaufssteuer berücksichtigt wird.«[27] Zweitens konnte man für

Landbesitz und Häuser, die man von den *poletai* kaufte, über einen Zeitraum von 10 bzw. 5 Jahren in Raten zahlen, und die Zahlungen (oder nicht erfolgten Zahlungen) wurden nicht auf den ursprünglichen Listen vermerkt, sondern auf den bereits erwähnten für jedes Jahr erstellten geweißten Tafeln, ohne die eine wirkliche Kontrolle der Beamten nicht möglich war. Schließlich bleibt drittens das Rätsel über die Lebenszeit dieser Stelen: sie standen noch in der Zeit des Eratosthenes (gestorben 194 v. Chr.) und möglicherweise sogar in byzantinischer Zeit dort in der Nähe des Eleusinions.[28] Warum? Nach ein paar Jahren konnten sie weder eine ›Polizeifunktion‹ noch irgendeine abstrakte Funktion erfüllen, noch scheint es plausibel ihnen eine Funktion als Denkmal zuzusprechen. Als Alkibiades im Jahre 407 v. Chr. aus der Verbannung zurückkehrte, um das Oberkommando über die athenischen Kriegsanstrengungen zu übernehmen, beschloß die Volksversammlung nicht nur, das Todesurteil und die Beschlagnahme des Besitzes aufzuheben und den von den Priestern über ihn verhängten Fluch zu widerrufen, sondern auch die Tafeln, die sein Schicksal dokumentierten, ins Meer zu werfen (Diodor 13,69,2 und andere). Ich habe keine Erklärung dafür, warum nicht auch mit den Stelen der *poletai* so verfahren wurde oder warum man sie für zwei oder vielleicht auch viel mehr Jahrhunderte stehenließ.

Dies ist nur ein Fragenkomplex von vielen, die sich über die Wirtschaftsgeschichte hinaus auf das Leben der *polis* als solcher erstrecken. Beginnend fast sicher mit dem Jahre 367/6 v. Chr. ließen die athenischen *poletai* alle Details über die Konzessionen in den Silberbergwerken, die zu verpachten ihre Aufgabe war, auf Marmorstelen, die auf der *agora* aufgestellt wurden, inschriftlich verzeichnen.[29] Diese Praxis wurde bis in das folgende Jahrhundert beibehalten und vermutlich erst abgebrochen, als man schließlich im Jahre 261 v. Chr. die Demokratie abschaffte. Aber warum beginnen die Aufzeichnungen nicht früher, wo doch die *poletai* Berichte über andere ihrer Tätigkeit schon mindestens ein halbes Jahrhundert lang veröffentlicht und Bergbaurechte sogar schon früher verpachtet hatten? Wir wissen es nicht. Eine andere Frage wird durch die Fragmente einer Stele aufgeworfen, die die Weihungen von jeweils hundert Drachmen wiegenden Silberschalen durch freigelassenen Sklaven (oder in deren Auftrag) an die Göttin

Athena verzeichnet.[30] Der Anlaß dieser Weihungen war der ›Sieg‹ des oder der Freigelassenen in einem fiktiven Prozeß gegen seinen oder ihren ehemaligen Besitzer – eines jener eigenartigen Verfahren bei der Freilassung, die wir aus Griechenland kennen. Mehr als dreihundert Einzelpersonen sind in den erhaltenen Fragmenten genannt, die nach paläographischen und onomastischen Kriterien in die Jahre unmittelbar nach 330 v. Chr. zu datieren sind. Dieses spezielle Verfahren ist sonst unbekannt, was die Vermutung nahelegt, daß es ungewöhnlich war und nur während dieser kurzen Zeit Anwendung fand. Vermutlich waren in Athen besondere Bedingungen entstanden, die sowohl seine Einführung wie seine schnelle Abschaffung veranlaßten, aber wieder haben wir keinen Anhaltspunkt.

Es wäre hilfreich, wenn wir etwas über öffentliche Archive wüßten, aber wir wissen praktisch nichts außer, daß viele Aufzeichnungen niemals dorthin gelangten und daß die Archive vom 4. Jahrhundert v. Chr. an allmählich etwas umfangreicher wurden.[31] Das ist für die griechische Welt insgesamt gezeigt worden, und ich sehe wenig Grund, warum das nicht auch für Athen gelten soll. Aus dieser Tatsache und aus dem Wenigen, was wir an Dokumenten tatsächlich besitzen, folgt, wie ich meine, daß das Versagen der literarischen Quellen in Hinblick auf Zahlenangaben ebensosehr der Unwissenheit der Autoren wie ihrer diesbezüglichen Gleichgültigkeit zuzuschreiben ist. Die Möglichkeit fehlender Kenntnis wird in den Diskussionen um Zahlenangaben kaum je erwogen; sie geht unter in gelehrten Erörterungen über Handschriften, Paläographie und Textemendation.[32] Wenn ein Kompilator des 2. Jahrhunderts n. Chr. dem Aristoteles die Zahl von 470 000 Sklaven für Aegina zuschreibt (Athenaios 6,272c) – eine Angabe, die nur wenige tollkühn genug sind aufrechtzuerhalten angesichts dessen, daß die Gesamtfläche der Insel 80 km² beträgt –, scheint niemand sich zu fragen, wie Aristoteles diese oder irgendeine andere Gesamtzahl der Sklavenbevölkerung kennen konnte. Wer hat das gezählt und wo war das aufgezeichnet? Ist nicht zumindest zu bedenken, daß sich in dem äußerst umfangreichen Corpus der erhaltenen Werke des Aristoteles nicht eine einzige vergleichbare Zahlenangabe findet, nicht einmal im *Staat der Athener*? Oder welcher Dokumentation entnahm Thukydides (8,40,2), daß es auf

Chios mehr Sklaven gab als in jeder anderen *polis* außer Sparta? Die Zahl der Sklaven in Attika betrug nach einer anderen Zahlenangabe bei Athenaios, die sich angeblich auf eine Volkszählung durch Demetrios von Phaleron vom Ende des 4. Jahrhunderts v. Chr. stützte, insgesamt 400 000. Hatte Chios mehr Sklaven? Hatte Thukydides nicht recht? Oder Athenaios? Das Studium der antiken Wirtschaftsgeschichte macht durch das endlose Herumspielen mit einer Handvoll solcher unbegründeter Zahlenangaben keine Fortschritte.

Ich will nicht sagen, daß man die Hoffnung aufgeben soll. Was ich erreichen will ist, daß sich der Augenmerk der Forschung von dem augenblicklich noch vorherrschenden Interesse für einzelne, normalerweise isolierte Dokumente auf solche verlagert, die einer kollektiven Analyse, wenn möglich, in einer über einen Zeitraum verteilten Serie unterzogen werden können. Es soll eine Befreiung von der Suggestionskraft des Wortlauts in einem einzelnen Text zugunsten einer quasi-statistischen (oder gar pseudo–statistischen) Untersuchung stattfinden. Ich will zwei Beispiele nennen, wobei es sich jeweils um eine Gruppe von Dokumenten handelt, die jedes für sich genommen nicht mehr Information enthalten als, sagen wir, eine heutige Bahnfahrkarte oder Ladenquittung.

1. In dem Zeitraum zwischen ungefähr 400 und 250 v. Chr. benutzten die Athener ein einfaches Verfahren um öffentlich bekanntzumachen, daß ein Immobilien- oder Landbesitz rechtlich verbindlich belastet war: sie versahen eine Steinplatte mit einer Inschrift von wenigen Worten und setzten sie als Markstein auf ein Stück Land oder brachten sie an einem Haus an. Als ich meine Studie dieser Dokumente im Jahre 1951 abschloß, waren 222 solcher Texte veröffentlicht, und davon waren 182 in einem für eine Analyse hinreichend vollständigen Zustand erhalten. Die Texte umfaßten nur drei bis fünfzehn Worte und ein oder zwei Zahlzeichen (die Angabe einer Geldsumme), aber ich war dennoch in der Lage zu zeigen, daß diese Steine die Verschuldung eher wohlhabender athenischer Landbesitzer auswiesen, die fast immer zum Zweck so konventioneller persönlicher Ausgaben wie einer Mitgift eingegangen worden war; mit anderen Worten diese Steine waren kein Beleg für einen steten Niedergang der attischen Bauern im 4. Jahrhundert v. Chr., wie die allgemein akzeptierte Interpretation lautete, die Generationen von Historikern *allein auf das Zeugnis dieser falsch interpretierten Inschriftensteine* gegründet hatten.[33]

2. Im Juli 1875 wurde in einem Haus in Pompeji ein Holzkasten gefunden, der stark verkohlte, mit Wachs überzogene Holztafeln im Format von 12–15 cm × 10–12 cm enthielt. Am Ende hat man 153 mehr oder minder lesbare Texte des Fundes rekonstruieren können; vielleicht zehn davon waren Diptychen, der Rest Triptychen, und bei allen handelte es sich um durch Zeugen bestätigte Quittungen für von dem *argentarius* L. Caecilius Iucundus geleistete Zahlungen: einige wenige Beträge wurden an einen Staatssklaven in Pompeji für irgendetwas von der Stadt Gepachtetes gezahlt, die überwiegende Mehrheit im Auftrage ungenannter Käufer an Verkäufer von Objekten, die versteigert worden waren.[34] Die Sammlung ist bisher einmalig geblieben: sie ist »der einzige bis heute entdeckte Fall eines Archivs in lateinischer Sprache aus dem Bereich des römischen Bankwesens«[35] (mit der wichtigen Einschränkung, daß das ›Archiv‹ aus einer sehr kleinen Auswahl besteht, deren Kriterien uns nicht bekannt sind). Die Dokumente haben einen Blick darauf ermöglicht, welchen Platz ein ›Bankier‹ in der Wirtschaft und Gesellschaft einer Provinzstadt in Italien eingenommen hat (und besonders darauf, mit welchen Leuten er seine Geschäfte abwickelte), und zwar detaillierter und genauer, als man es bisher aus allen erhaltenen literarischen und verstreuten dokumentarischen Quellen zusammen hatte entnehmen können.

Ich will nicht behaupten, daß diese beiden Gruppen von Texten ohne die anderen Belege in nutzbringender Weise hätten untersucht werden können. Mein wesentlicher Punkt ist, daß nur *Gruppen von Dokumenten* die unbedingt erforderlichen Elemente von Homogenität und zeitlicher Dauer bieten.[36] Für kurze Zeiträume, hat Kula bemerkt, »haben wir fast immer den Eindruck richtungsloser Vielfalt«, und zwar besonders in vorkapitalistischen Gesellschaften, wo »viele wirtschaftliche Indikatoren kurzfristig großen Schwankungen unterworfen sind und sich nur sehr langsam in Richtung des Trends verändern.«[37] Bei einer ganzen Serie jedoch können wir den Eindruck richtungsloser Vielfalt (oder der Stabilität) begegnen und nur dann kann der Althistoriker wirklich einen Schritt in Richtung auf serielle Geschichte machen. Das kann indes niemals mehr sein als ein erster Schritt, und deswegen habe ich vorher von ›quasi-statistischen (oder pseudo-statistischen) Untersuchungen‹ gesprochen.

Als Beispiele habe ich absichtlich zwei Gruppen von Dokumenten mit einem Minimum an Inhalten gewählt, um die qualitative Veränderung stärker hervortreten zu lassen, die allein die Existenz solcher Gruppen für unsere Studien bringt. Natürlich können Gruppen von Dokumenten, die einen echten inhaltlichen Beitrag leisten, noch produktiver verwendet werden, aber es gibt nur eine geringe Anzahl solcher Dokumente und sie sind erstaunlich vernachlässigt worden.[38] Ampolo hat mit Recht kritisiert, daß die umfangreiche Forschung zu den attischen Finanzurkunden des 5. Jahrhunerts v. Chr. (was die Tributlisten einschließt) »sich meist auf das Gebiet der Ereignisgeschichte beschränkt, wenn sie sich nicht lediglich mit den Problemen des attischen Kalenders beschäftigt.«[39] Für die beispiellos umfangreiche Dokumentation aus den beiden großen Heiligtümern Delos und Delphi ist diese Vernachlässigung geradezu ein Skandal: man braucht nur in beiden Fällen die magere Bilanz der Forschung der letzten fünfzig Jahre mit der vielversprechenden Bibliographie der vorangegangenen fünfzig Jahre zu vergleichen.

Zum Abschluß möchte ich noch ausdrücklich betonen, daß ich nicht dafür plädiere, einen Computer auf alle nur erreichbaren Zahlen loszulassen und sie zu registrieren. Es ist nur allzu bekannt, daß viele Rechnungen, die im technischen Sinne ›statistisch signifikant‹ sind, historisch wertlos sind. Ich verlange nur, daß der Historiker seinem Material signifikante Fragen stellt. Dokumente selbst stellen keine Fragen, aber manchmal liefern sie Antworten.

IV. ›Wie es eigentlich gewesen‹[1]

Nachdem Edmund Wilson mit der Arbeit an seiner Studie über geschichtliches Handeln und Geschichtsschreibung von Vico bis Trotzki begonnen hatte, die unter dem Titel *To the Finland Station* publiziert wurde, erhielt er im Jahre 1934 einen Brief seines Lehrers Christian Gauss, des berühmten Dekans und Professors für Französisch in Princeton. Der Kern dieses Briefes war, daß Ranke und der frühe Michelet »die Schule der wissenschaftlichen, unparteiischen, objektiven Historie begründet hätten«. Gauss fuhr fort, »ich würde hier von einem archäologischen Interesse sprechen, das auf einen Rückgang der Vitalität hindeutet, und eine Literatur des Eskapismus darstellt«, wofür die Erregung über die Entdeckung des Grabes von Tutanchamun oder Schliemanns Suche nach Troja als Beispiel gelten könnten. »Vergiß nicht, daß es im Perikleischen Athen kein Antikenmuseum gab«, schloß Gauss.[2]

Über Ranke mit solch abwertenden Untertönen zu schreiben, war in den dreißiger Jahren selten und ist es auch heute noch; eine Kritik wie die von Gauss blieb unbeachtet und unbeantwortet. Stattdessen kann man in beinahe jeder Geschichte der Geschichtsschreibung immer wieder lesen, daß Ranke der größte Historiker des 19. Jahrhunderts war, der größte Meister einer wissenschaftlichen Historie seit Thukydides. Tatsächlich hat nach Actons Urteil »kein Historiker jemals so viele wissenschaftliche Werke geschrieben«.[3] Ob er nun der größte Historiker der Moderne war oder nicht, er war sicherlich derjenige mit der größten Gelehrsamkeit. Dies hat nun dazu beigetragen, die Wertmaßstäbe durcheinander zu bringen: Gelehrsamkeit als solche wird unbewußt nicht allein als Garantie für die Zuverlässigkeit im Detail angesehen, sondern auch für die Gültigkeit des allgemeinen Entwurfs eines Trends, einer Periode oder einer Institution. Hat Ranke schließlich nicht selbst gesagt – in seiner vielleicht berühmtesten Charakterisierung der Eigenart der Historie, daß sein Amt nicht sei, zu richten, sondern bloß zu zeigen, *»wie es eigentlich gewesen«*?[4]

Der Vergleich mit Thukydides drängt sich auf; tatsächlich ist er auch wiederholt gezogen worden, unter anderem von Ranke selbst.[5] Allerdings ist dies nicht ganz so einfach: Ranke hat sein Leben lang schriftliche Quellen erschlossen und untersucht, Thukydides war (in einer Zeit, in der es nur wenige schriftliche Quellen gab) auf mündliche Berichte angewiesen; Thukydides glaubte nicht, daß sich die Vergangenheit jenseits der Zeitspanne, für die es lebende Zeugen gab, rekonstruieren lasse, während Ranke einen Großteil seiner Arbeitskraft auf die frühe Neuzeit bis zurück ins 15. Jahrhundert verwendete; Ranke war durch und durch fromm, während Thukydides den Göttern gegenüber bestenfalls indifferent war. Wir können jedoch von diesen erheblichen Unterschieden für den Augenblick absehen (ohne allerdings in den kapitalen Irrtum zu verfallen, sie »fast nebensächlich« zu nennen)[6]. Was beiden gemeinsam gewesen sein soll, ist das leidenschaftliche Bemühen um die Rekonstruktion der Tatsachen und das völlige »Hintanstellen der eigenen Person«[7] bei der Präsentation der Fakten. Hierin, so wird uns gesagt, liege das entscheidende Moment »objektiver wissenschaftlicher Historie« – ich halte es für ein bemerkenswertes Zeichen von Glaubensstärke, daß so viele intelligente und kritische Forscher dies so lange geglaubt haben.

Thukydides hat niemals die Quellen seiner Information mitgeteilt, abgesehen von den wenigen Ereignissen, für die er seine persönliche Beteiligung angibt. Rankes Verfahren bezüglich seiner Quellen war natürlich ein anderes. Es handelte sich um schriftliche, zumeist unpublizierte Quellen; er hielt es für notwendig, sie anzugeben, besonders weil er immer wieder betonte, daß die Erschließung der ›Tatsachen‹ die erste und wesentliche Pflicht des Historikers sei. Schaut man sich jedoch zum Beispiel seine dreibändige Papst-Geschichte an, vermutlich sein erfolgreichstes Werk,[8] dann ist Rankes Verfahren irritierend, nicht nur nach heutigen Standards, sondern auch in einem allgemeineren Sinne. So werden wir im Vorwort darüber informiert, daß die meisten Einzelheiten über die Regierungszeiten von Gregor XIII. und Sixtus V. – eine Zeit, die

auf ungefähr hundert Seiten behandelt wird – aus Wiener Archiv-
beständen stammen; am Schluß findet sich eine lange Liste von 185
Manuskripten (aus der Zeit von 1453 und 1783), die Ranke einge-
sehen hat, zusammen mit einigen Zitaten und Anmerkungen, die
Hinweise auf ihre Bedeutung oder Verläßlichkeit geben (das war –
bei einigen Abweichungen – Rankes übliches Verfahren). Im Text
selbst finden sich jedoch nur ganz wenige detaillierte Anführungen
dieser Quellen für einzelne Punkte, und zwar so wenige, daß es
heute schwierig zu verstehen ist, warum gerade diese Belege ausgewählt worden sind. Der Leser, der nicht auf die Originalmanus-
kripte zurückgreifen kann, der zudem nur höchst allgemein gehal-
tene Hinweise darauf hat, welche Quellen besonders einschlägig
sind, ist nicht in der Lage, Rankes Genauigkeit hinsichtlich der
Wiedergabe der Fakten oder die Art seiner Auswahl der Angaben
zu überprüfen.[9]
Ich ziehe in keinem Augenblick Rankes Redlichkeit in Zweifel. Es
ist jedoch unvorstellbar, daß irgend jemand Tausende handschrift-
licher Quellen kopieren oder exzerpieren könnte, ohne jemals
Fehler zu machen, und es ist genauso unvorstellbar, daß jemand
ein unfehlbares Auge für die jeweils entscheidenden Informationen
hätte. Allgemein gesagt, Rankes Auslassungen, die Enge seines
Blickwinkels, lassen sich unmittelbar in seinem Werk selbst erkennen. Croce hat zum Beispiel hervorgehoben:

»Wie sich die katholische Kirche angesichts der Gegenreformation der
Jesuiten verändert hat, wie vollständig sie sich von der mittelalterlichen
Kirche unterschied; wie sich der Niedergang an Spiritualität auswirkte
[...], bis die Kirche auf die Französische Revolution mit einer Erneuerung
reagierte, indem sie sich von den Oberschichten distanzierte, unter denen
die Jesuiten in der Vergangenheit gewirkt hatten, und statt dessen sich auf
die Bauern und die verbliebenen absolutistischen Regimes stützte – [...] all
dies untersucht Ranke nicht; er scheint vielmehr ganz mit der schönen
Kunst des Einbalsamierens einer Leiche beschäftigt zu sein.«[10]

Ein Urteil dieser Art, ähnlich wie das von Gauss, das ich eingangs
zitierte, findet sich auch bei einer Minderheit von Zeitgenossen
und Nachfolgern Rankes, unter anderem bei Heinrich Heine,
Droysen und Jacob Burckhardt.[11] Friedrich Meinecke der ein
halbes Jahrhundert lang Ranke als den Höhepunkt der Geschichtsschreibung gerühmt hatte, entschloß sich in seinem Alter in seinem

letzten Werk zu schreiben: »Heute (1948) beginnt man sich zu fragen, ob nicht Burckhardt für uns und für spätere Historiker größere Bedeutung haben wird als Ranke.«[12] Gegen Ranke wurde vor allem der Vorwurf erhoben, ihm mangle es (trotz seiner antiliberalen Einstellung) an einem festen politischen Standpunkt – er sei »viel, viel Talent und wenig Mann«, so Droysen[13] – ein Vorwurf, der von verschiedenen und – wie im Falle von Droysen und Heine – sogar entgegengesetzten Positionen aus erhoben wurde.

Zu glauben, daß ein politisches Urteil Rankes historischen Werken völlig fremd gewesen sei, hieße sich von der Behauptung des völligen Zurücktretens der Person des Autors in die Irre führen lassen, zu der Ranke selbst wiederholt in eindrucksvoller Weise beitrug. »Ich wünschte mein Selbst gleichsam auszulöschen, und nur die Dinge reden, die mächtigen Kräfte erscheinen zu lassen«, schrieb Ranke in seiner *Englischen Geschichte*.[14]

Es würde nicht schwerfallen, buchstäblich Hunderte von Passagen zu zitieren, die sich mit dieser Feststellung über Methoden und Ziele nur dank außerordentlicher Verdrehungen vereinbaren ließen.[15] Es reicht hier, einige Zeilen aus der Papst-Geschichte anzuführen. Ich könnte mich eigentlich mit dem Eingangskapitel über das Christentum im römischen Kaiserreich begnügen, aus dem allein Ranke spricht, und nicht die »Dinge« reden. Aber dies könnte nur dazu dienen, das scharfe Urteil von Acton zu untermauern, daß Ranke »niemals ein Verständnis der Antike bewiesen habe« und »völlig unfähig gewesen sei, das antike Heidentum oder die mittelalterlichen Christen zu verstehen, die Antike zu einer Zeit, als der heidnische Glaube noch stark war«.[16] Dies ist jedoch nicht meine Absicht. Mir geht es allein darum, Rankes Projizierung seiner eigenen Wertvorstellungen auf den Gegenstand am Beispiel etwa seiner Aussagen über die römische Inquisition oder die St. Bartholomäusnacht in Frankreich zu verdeutlichen:

»Der Tiefsinnigste von allen, Giordano Bruno, ein wahrer Philosoph, ward nach vielen Verfolgungen und langen Irrfahrten endlich, wie es in der Urkunde heißt, ›nicht allein als ein Ketzer, sondern als ein Häresiarch, der einige Sachen geschrieben, welche die Religion anbetreffen und die sich nicht geziemen‹ von der Inquisition in Anspruch genommen, eingezogen, nach Rom geschafft und zum Tode im Feuer verurtheilt.«[17]

Und weiter:

»Mit den philosophischen Untersuchungen waren damals physische und naturhistorische fast ununterscheidbar verschmolzen. Das ganze System bisheriger Vorstellungen war in Frage gestellt worden. In der That ist in den Italienern dieser Epoche eine große Tendenz; Suchen, Vordringen, erhabene Ahnung. Wer will sagen, wohin sie gelangt sein würden? Allein die Kirche zeichnete ihnen eine Linie vor, die sie nicht überschreiten durften. Wehe dem, der sich über dieselbe hinauswagte!«[18]

Beide – ungekürzte – Zitate sind einem Abschnitt entnommen, der eigenartigerweise als »eindrucksvoll« wegen seines »Scharfsinns« bezeichnet worden ist.[19] Er enthält kein Wort über Brunos Ideen oder darüber, warum er ein »wahrer Philosoph« war, nichts über die »Tendenzen bei den Italienern dieser Zeit« und so weiter. Selbst die eingeschobenen Kapitel über Kulturgeschichte in heutigen Lehrbüchern machen das besser.

Der kurze Absatz, der die wenigen Seiten über die Bekämpfung der Hugenotten im Frankreich des 16. Jahrhunderts und den Höhepunkt der Verfolgungen in der Bartholmäusnacht beschließt, ist ein Beispiel anderer Art, das keinen weiteren Kommentar erfordert:

»Können aber wohl Attentate von so blutiger Natur jemals gelingen? Widerstreiten sie nicht dem tieferen Geheimnis der menschlichen Dinge, den unbegriffenen, in dem Inneren wirksamen unverletzlichen Prinzipien der ewigen Weltordnungen? Die Menschen können sich verblenden; das Gesetz der geistigen Weltordnung, auf dem ihr Dasein beruht, können sie nicht erschüttern. Mit der Notwendigkeit beherrscht es sie, die den Gang der Gestirne regeln.«[20]

Obwohl der Titel meines Essays von Ranke stammt, so ist Ranke doch nicht mein Thema. Ich muß betonen, daß ich nichts bei Ranke entdeckt oder über ihn gesagt habe, was nicht von jedem anderen leidlich aufmerksamen Leser hätte festgestellt werden können. Warum hat es dann, um die Frage noch einmal zu wiederholen, einen solchen beständigen Glauben an die »Auslöschung des Selbst« bei Ranke oder vergleichbaren Historikern, angefangen mit Thukydides, gegeben? Ich vermute, daß dies mit der ebenfalls unbeirrbaren Ansicht zusammenhängt, daß Thukydides und Ranke Vorbilder für eine ›objektive‹ oder ›wissenschaftpliche‹ Historie darstellten, bei der der objektive Historiker als Person zurücktritt und die ›Dinge‹ für sich selbst sprechen läßt. Es sollte in diesem Zusammenhang erwähnt werden, daß es überraschend wenig direkte Belege für die berühmte Genauigkeit Rankes gibt, und so gut wie gar keine für die des Thukydides. Es handelt sich offensichtlich um Männer von solch äußerster Ernsthaftigkeit in ihrem Bemühen um Wahrheit, daß wir ihnen glauben, wenn sie ihr eifriges Streben nach Korrektheit hervorheben.

Ich will diesen Glauben nicht erschüttern, aber ich muß darauf hinweisen, daß Genauigkeit und Wahrheit einfach nicht das gleiche sind. Ob er recht hatte oder nicht, das folgende Urteil von Lord Acton über Ranke ist weder unsinnig noch paradox:

»Kein Historiker hat weniger Unwahrheiten gesagt, wenige haben so wenig Fehler gemacht. Keiner ist ein täuschenderer Führer. Alles, was er sagt, ist oft wahr, und doch ist das Ganze unwahr, nur daß das Element der Unwahrheit schwierig zu entdecken ist [...]. Ranke täuscht nicht durch Hinzufügen, sondern durch die Auswahl.«[24]

›Fakten‹ sind keine konkreten Gegenstände, die einfach vom Historiker entdeckt werden könnten; selbst Ranke glaubte das nicht, so viel er auch geschrieben haben mag, als ob er es glaubte. »Wie es eigentlich gewesen« meint die angemessene Darstellung der Zusammenhänge. »Die Forschung«, schrieb Droysen, »muß wissen, was sie suchen will; erst dann findet sie etwas. Man muß die Dinge richtig fragen, dann geben sie Antwort.«[22] Umgekehrt heißt das, daß man auch falsch fragen kann; dann wird das Ganze unwahr, unabhängig von der Richtigkeit der zugrunde gelegten Fakten im einzelnen.

Nach Droysen war, soweit ich weiß, Eduard Meyer der einzige Althistoriker, der grundlegende Fragen der Methodologie systematisch und ausführlich erörtert hat (bevor dann Momigliano seine historiographischen Forschungen begann, was ein verwandtes, aber doch ein anderes Gebiet ist). Meyer hat seine Position in zwei langen Aufsätzen zur historischen Theorie sowie in einer Abhandlung über Thukydides dargelegt, der, gefolgt von Ranke, für ihn das Vorbild des Historikers war.[23] Eduard Meyer verkörperte zu Anfang des 20. Jahrhunderts die Kontinuität mit dem ›goldenen Zeitalter‹ der deutschen Historiographie des 19. Jahrhunderts. Er war ungeheuer gelehrt und produktiv, war bis zur Grenze des Dogmatismus vom absoluten Vorrang der politischen Geschichtsschreibung überzeugt, extrem konservativ in seinen politischen

Ansichten und ein hitziger Chauvinist in der Zeit des Ersten Weltkrieges und in den Jahren danach.[24] Als Theoretiker war er allerdings nicht sonderlich kompetent, und das ist keine zu scharfe Formulierung. Sein Ausflug in die Geschichtstheorie wurde von Max Weber verrissen, der an einer Stelle seiner Kritik sagte:

»Alle Freunde seines großen Werkes werden es erfreulich finden, daß er mit seinem Gedanken gar nicht Ernst machen *kann* und hoffen, daß er nicht etwa einer irrtümlich formulierten Theorie zuliebe auch nur den Versuch dazu unternimmt.«[25]

Webers Kritik war somit zugleich eine Reverenz vor der Reputation und der Größe Meyers als Historiker. Selbst diejenigen von uns, die weniger enthusiastisch sind, können weder Meyers Bedeutung noch die seiner Schriften zur historischen Methode in Zweifel ziehen. Meyer tat nichts geringeres, als die Existenz von Regeln zu leugnen, auf Grund deren sich die Arbeit von Historikern, und sei es die des unvergleichlichen Thukydides, beurteilen lasse; er bestand darauf, daß man »großen« Historikern einfach glauben müsse. Geschichte sei keine »systematische Wissenschaft«, die historische Methode ließe sich nicht lehren und werde sowieso überbewertet.[26] Freier Wille und Zufall entschieden über die Kausalität; wer das nicht verstehe,

»der vernichtet nicht nur alles das, was den Hauptgegenstand des historischen Interesses bildet, sondern er gibt ihr Wesen vollständig auf und ersetzt sie durch Formeln,[...] denen jeder konkrete Inhalt fehlt«.[27] Die Auswahl des Materials sei allein Sache der Entscheidung des Historikers. Kritik an Auslassungen, bei Thukydides zum Beispiel, könne nicht akzeptiert werden:
»Das subjective Urteil des Historikers, die Auffassung, die er von seiner Kunst hat, kann allein entscheidend sein. Der Historiker hat das Recht zu fordern, daß er in diesem Punkt nicht anders beurteilt wird als der Künstler.«[28]

Damit wird die Intuition des Historikers zum entscheidenden Kriterium erhoben. In einer ausführlichen Untersuchung der Reden von Thukydides wird uns gesagt: »Die Aufgabe, die er sich gesetzt hat, ist, die Dinge unmittelbar auf uns wirken zu lassen, wie sie gewesen sind, das heißt aber nichts anderes, als wie sie ihm selber erscheinen.«[29] Rankes Ansichten sind damit gewissermaßen zugespitzt und brutaler formuliert worden: Objektivität ist das, was der Historiker für wahr hält. Es gibt, sagt Meyer, keine andere Art von Historie.

Historie und Dichtung zu vergleichen, geht mindestens bis auf Aristoteles zurück, der in einem berühmten Abschnitt seiner *Poetik* die Dichtung als die philosophisch gewichtigere Gattung bezeichnet hatte.[30] Hinter diesem Urteil stand das Problem, das seitdem immer wieder die Historiker beschäftigt hat, wie man nämlich Wahrheiten allgemeiner Natur aus den Einzelfällen ableiten kann, die als eigentlicher Gegenstand der Historie gelten. Wenn ich recht sehe, war es die romantisch-idealistische Schule der deutschen Geschichtsschreibung im 19. Jahrhundert, die darauf eine Antwort fand, indem sie auf bemerkenswerte Weise das Verhältnis von Historie und Dichtung neu bestimmte. Statt beide voneinander abzugrenzen, wurden sie nun gleichgesetzt. Bei der Auswahl aus seinem Material müsse dem Historiker, sagte Meyer, das gleiche Recht eingeräumt werden wie dem Künstler. Das war keine rein rhetorische Figur; Meyer konstatierte vielmehr ein epistemologisches Prinzip, nämlich die Rolle der Vorstellungskraft als eines Mittels, die Wahrheit, »wie es eigentlich gewesen«, herauszufinden.

Die zentralen Ideen der neuen historischen Schule waren zuerst von Wilhelm von Humboldt skizziert worden, dem Gründungsvater der neuen Berliner Universität und der dortigen Akademie der Wissenschaften. Er eröffnete 1821 einen Akademievortrag mit dem Titel *Über die Aufgaben des Geschichtsschreibers* mit einer Formulierung, die sich nur wenig von Rankes »wie es eigentlich gewesen« unterscheidet:

»Die Aufgabe des Geschichtsschreibers ist die Darstellung des Geschehens. Je reiner und vollständiger ihm diese gelingt, desto vollkommener hat er jene gelöst. Die einfache Darstellung ist zugleich die erste, unerlässliche Forderung seines Geschäfts, und das Höchste, was er zu leisten vermag. Von dieser Seite betrachtet, scheint er nur auffassend und wiedergebend, nicht selbstthätig und schöpferisch.«

Indes, so fuhr Humboldt fort:

»Das Geschehene aber ist nur zum Theil in der Sinnenwelt sichtbar, das Uebrige muß hinzu empfunden, geschlossen, errathen werden. [...] Die Wahrheit alles Geschehenen beruht auf dem Hinzukommen jenes oben erwähnten unsichtbaren Theils jeder Thatsache, und diesen muß daher der

Geschichtsschreiber hinzufügen. [...] Auf verschiedene Weise, aber ebensowohl, als der Dichter, muß er das zerstreut Gesammelte in sich zu einem Ganzen verarbeiten.«[31]

Die Gründe für Humboldts überragenden Einfluß auf das intellektuelle und kulturelle Leben im Deutschland des 19. Jahrhunderts sind heute schwer einzusehen. Obwohl ein Großteil seines Werkes, mit Ausnahme der sprachwissenschaftlichen Arbeiten, fragmentarisch blieb oder erst posthum publiziert worden ist, so legte er doch den Grundstein für die moderne deutsche Universität, begründete er den ›neuen‹ klassischen Humanismus und lieferte die leitenden Ideen oder zumindest das zentrale Konzept für die vorherrschende Strömung der deutschen Geschichtswissenschaft für mehr als ein Jahrhundert. Droysen, der erklärt hatte, daß Humboldt – »er schien mir ein Bacon für die Geschichtswissenschaften« – ihm den Weg zu historischer Arbeit erschlossen habe, räumte allerdings ein, daß man nicht von einem »philosophischen System Humboldts« sprechen könne, sondern nur von einer »Weltanschauung«.[32] Droysen sah auch die Notwendigkeit, Methoden zu entwickeln, mit denen man die Intuition und andere Formen des subjektiven Zugangs kontrollieren könne. Ranke, der natürlich den Vortrag über die Aufgabe des Geschichtsschreibers kannte (wie sich in der Einleitung zu seinem ersten Buch zeigte, das er zwei Jahre danach publizierte), und der zudem dem Einfluß von Humboldts Ideen nicht entgangen sein kann, vielleicht auch in einem der beiden berühmten Berliner Salons – bei Rahel Varnhagen von Ense oder Bettina von Arnim – persönlich mit ihm zusammengetroffen ist, hat überraschender- und merkwürdigerweise Humboldt in seinen Schriften nie erwähnt.[33] Eine intellektuelle Abhängigkeit ist jedoch zweifellos gegeben, die Georg Iggers eng genug zu sein scheint, daß er zwei aufeinanderfolgende Kapitel seines Buchs über *Deutsche Geschichtswissenschaft* überschreibt mit ›Die theoretischen Grundlagen des deutschen Historismus I: Wilhelm von Humboldt‹ und ›II: Leopold von Ranke‹.[34]

Es hat, am meisten vielleicht in den Vereinigten Staaten um die Jahrhundertwende, eine hartnäckige Fehleinschätzung von Ranke als dem »Vater der wissenschaftlichen Historie« gegeben, als dem vorbildlichen Historiker, der »sich strikt an den Fakten orientieren und keine Predigten halten will«.[35] Man fragt sich, ob diejenigen

Kleinkrämer, die Ranke auf einen solch seelenlosen Positivismus reduzieren wollten, ihn jemals gelesen haben oder ob sie sich damit begnügten, das »wie es eigentlich gewesen« nachzuplappern. Hinter diesem groben Mißverständnis stand natürlich das seit langem übliche Streben der Geisteswissenschaftler nach den Gewißheiten der Naturwissenschaft. Sicherlich waren Versuche angebracht, Eduard Meyers Verkehrung von Objektivität und Subjektivität, seiner Gleichsetzung von Historiker und Künstler, der Hervorhebung der Intuition zu entgehen. Aber völlige Redlichkeit und ein ebenso respektvoller wie kritischer Umgang mit den Belegen ist für die Geschichtsschreibung genauso wie für die exakte Wissenschaft nur eine notwendige, jedoch keine hinreichende Bedingung. Genauigkeit, hat Housman einmal in bezug auf Textkritik geschrieben, ist eine Pflicht, keine Tugend.[36]
Diskussionen über diese Themen haben in den letzten Jahrzehnten eine Blüte erlebt. Viele sind philosophisch anspruchsvoll, komplex und manchmal schwierig, andere dagegen nach meinem Eindruck kaum oder gar nicht qualifiziert. Zunächst gibt es da ein terminologisches Problem: französisch *science*, deutsch *Wissenschaft* und weniger wohl englisch *science* braucht nicht mehr zu meinen als eine Disziplin, die systematisch betrieben wird. In diesem Sinne mag Geschichte zu den »Wissenschaften« (sciences) gezählt werden, ich kann jedoch nicht sehen, daß diese Einordnung uns wesentlich oder überhaupt weiterhilft. Wenn zum Beispiel Hajo Holborn sagt, von Geschichts*wissenschaft* (science of history) zu sprechen, »bedeute nichts anderes als den kritischen und systematischen Zugang zur Geschichte und die Verläßlichkeit der so erzielten Resultate hervorzuheben«,[37] dann umgeht er die fundamentale Frage, wie man die Verläßlichkeit der Ergebnisse erzielen kann. Wir wissen, wie dies in der Physik, der Biologie oder der Astronomie geht – aber in der Historie?
Geradezu grotesk wird es, wenn wir in einem Buch mit dem Titel *Thucydides and the Science of History* lesen, daß Thukydides mit den Reden für die Geschichte das habe leisten wollen, was zur gleichen Zeit Hippokrates für die Medizin versucht habe:

»Über die Symptome zu einer allgemeinen Beschreibung zu gelangen und dann, wenn möglich, zu der richtigen Einordnung der Krankheit durchzudringen, das ist das Verfahren, das Hippokrates vorschlägt und als Lehre von den Symptomen und als Prognose bezeichnet. Genau dieses Verfahren versuchte Thukydides auf die Geschichte anzuwenden, die somit für ihn zur Lehre von den Symptomen und Prognose für das menschliche Leben wird.«[38]

Thukydides hat zweifellos geglaubt, daß die unveränderliche menschliche Natur die Wiederholung bestimmter Verhaltensmuster wahrscheinlich mache, wenn sich die Umstände wiederholten, und daß er, indem er einige Regelmäßigkeiten aufgewiesen habe, somit auch eine Prognose anbiete. Dennoch ist es unverständlich, wie ein Historiker ernsthaft die *Epidemien* des Hippokrates mit der Darstellung der Pest bei Thukydides vergleichen kann oder gar mit den Reden bei Thukydides. Es ist gezeigt worden, daß selbst das Vokabular, das der Historiker für die Beschreibung der Pest in Athen verwendet, nicht durchgängig und noch nicht einmal überwiegend technischer Art ist, auch wenn dies von einer Reihe namhafter Kommentatoren behauptet worden ist.[39] Die Frage des ›wissenschaftlichen‹ Vokabulars ist in diesem Zusammenhang sowieso unerheblich. Wir können heute nicht mehr so einfach annehmen, daß die exakten Wissenschaften Experimente und Prognostizierbarkeit erfordern; jede Wissenschaft untersucht jedoch nach übereinstimmendem Verständnis regelmäßig wiederkehrende Phänomene, die wiederholt von verschiedenen Betrachtern unter kontrollierten Bedingungen beobachtet werden können, wobei »eine stetige Verfeinerung durch die Aussonderung irrelevanter Faktoren« stattfindet. »Beim Historiker verhält sich dies anders«, fährt Patrick Gardiner in seinem nun schon klassischen Buch über die Natur historischer Erklärung fort:

»Sein Ziel ist es, Aussagen zu machen über das, was sich bei ganz bestimmten Gelegenheiten, in seiner ganzen Einzigartigkeit und Fülle ereignet hat; die Terminologie ist dem angepaßt. Deshalb werden Begriffe wie »Revolution« so vage und so offen gelassen. Es handelt sich um flexible Begriffe, mit denen sich eine Unzahl von Ereignissen innerhalb eines nicht genau bestimmbaren Rahmens erfassen lassen.«[40]

Selbst die Konjunktion ›weil‹ hat in historischer Erklärung eine andere Bedeutung als in den exakten Wissenschaften beziehungsweise mehrere unterschiedliche Bedeutungen: es kann sich zum Beispiel ebensogut auf Motive, auf Stimmungen oder auf Interessen beziehen (die hinter bestimmten Handlungen erschlossen werden).[41]

Ich werde darlegen, daß Gardiners recht traditionelle Auffassung von Geschichte der Modifikation bedarf. Dennoch stimme ich zu, daß das Konzept der ›wissenschaftlichen Historie‹ nur in einem sehr eingeschränkten Sinne anwendbar ist; und zwar so eingeschränkt, daß es zu bezweifeln ist, ob es einen nützlicheren Zweck erfüllen kann als denjenigen, dem Historiker was auch immer für eine Befriedigung ästhetischer oder moralischer Art zu verschaffen, die er aus dem Etikett ›wissenschaftlich‹ gewinnen mag. Es zeigt sich zudem immer deutlicher – wenigstens für viele von uns –, daß der Anspruch von Soziologie und Anthropologie auf den Status einer exakten Wissenschaft ebenfalls nur begrenzt berechtigt ist, denn beide, wie die Geschichte, »brauchen Gesetzmäßigkeiten statt sie zu produzieren«.[42] Ich sage dies ohne Einschränkung trotz der vermeintlichen Belege für das Gegenteil durch die quantifizierende Geschichtswissenschaft (oder serielle Geschichte oder Cliometrie), für die von ihren Betreibern das Prädikat ›wissenschaftlich‹ reklamiert wird.[43] Eine kurze Betrachtung wird meinen Standpunkt verdeutlichen.

Was leistet die quantifizierende Geschichtswissenschaft? Im besten Fall stellt sie Korrelationen und andere statistische Daten mit geringen Fehlermargen zur Verfügung. Das heißt, sie liefert konkrete Anhaltspunkte für Wahrscheinlichkeiten und Trends, aber sie sagt (über Wahrscheinlichkeiten hinaus) nichts aus über bestimmte Einzelfälle und kann keine Erklärungen für vergangenes menschliches Verhalten und für Institutionen liefern, zumindest keine allgemeineren Erklärungen. Selbst wenn wir einmal für unsere Diskussion hier akzeptieren, daß Fogel und Engerman die Effizienz von Sklavenarbeit in den amerikanischen Südstaaten bewiesen haben, so folgt daraus nicht zwingend, daß Sklavenarbeit in Italien während der letzten Jahrhunderte der Römischen Republik oder in der frühen Kaiserzeit gleichermaßen effizient gewesen ist. Es sagt uns auch wenig über die Ursachen des amerikanischen Bürgerkriegs oder über die ursprüngliche Einführung der Sklaverei.

Und dies ist cliometrische Geschichte in ihrer besten Form, wenn sie eng definierte Tatsachenfragen behandelt und dabei allgemein akzeptierte Methoden – und Daten – verwendet. Fogel hat kürzlich ausgeführt, daß »das Verhalten, mit dem sich Cliometriker bisher befaßt haben, im allgemeinen mittels einfacher Gleichsetzungen oder durch einfache Simultan-Modelle *mit relativ wenigen Variablen* dargestellt werden konnte« (meine Kursive).[44] Gerade durch die Reduzierung der Zahl der zu untersuchenden Variablen hat die Cliometrie am besten ihren Anspruch begründet, ›wissenschaftlich‹ zu sein, und so hat sie auch ihre besten Ergebnisse erzielt. Es ist jedoch nicht unbillig, wenn man hinzufügt, daß sie damit auch den Preis gezahlt hat, »den Großteil dessen wegzulassen, was über das Leben der Menschen bekannt ist, die auf diese Weise erfaßt werden«.[45]

Vor ein paar Jahren habe ich auf einer kleinen Tagung über historische Methoden gegen die Behauptung eines der Wortführer der Cliometrie protestiert, daß wir dank der modernen Demographie zum ersten Mal in der Lage seien, eine Geschichte der Familie zu schreiben. »Alle möglichen Statistiken, über Heiratsalter, Familiengröße oder Zahl der unehelichen Geburten werden zusammen keine Geschichte der Familie ergeben«, schrieb ich im Anschluß daran.[46] Dieser deutlichen und unverblümten Feststellung hat Robert Fogel jüngst zugestimmt:

»Die Geschichte muß sich eingehend mit einer Reihe von Problemen hinsichtlich der Eigenart des Familienlebens befassen [...], mit der sich ändernden Rolle von Ehemännern, Ehefrauen und der übrigen Angehörigen sowie mit den Beziehungen zwischen ihnen, der Veränderung der Einstellungen zueinander; nicht nur mit den Effekten, die familiär bedingte Einstellungen und Rollen auf die Weise des Familienlebens haben, sondern auch auf Gesellschaft, Ökonomie und Staat [...]. Läßt sich leugnen, daß eine befriedigende Geschichte der Familie sowohl qualitative wie quantitative Aspekte haben muß und daß die Vernachlässigung der einen oder der anderen Seite den Historiker in die Irre führen kann?«[47]

Fogel kam dann zu dem Schluß, daß »die erwartete Niederlage der traditionellen Historiker sich nicht eingestellt hat, und die Geschichte nicht in eine exakte Wissenschaft verwandelt worden ist. Die Cliometriker haben anerkennen müssen, daß es Probleme gibt, für die die traditionellen Methoden besser geeignet sind als die ›wissenschaftlichen‹. [...] Die Cliometrie hat die narrative Historie nicht überflüssig gemacht.«[48]

Diese äußerst bedeutsame Feststellung bringt uns auf anderem Wege wieder zu dem zurück, was ich schon im Zusammenhang von Geschichte und Archäologie festgestellt hatte, daß nämlich die Erforschung der Vergangenheit des Menschen ein einziger Gegenstand sei, auf den verschiedene Methoden, je nach der Art der Fragestellung, der Eigenart der vorhandenen Belege und den Formen der Darstellung angewendet werden können. Alle Formen historischer Darstellung, einschließlich der streng erzählenden, klassifizieren, abstrahieren, generalisieren ständig.[49] Hinter der Auswahl der Daten und ihrer Anordnung in einer Sequenz liegt eine Reihe von Urteilen, die sich aus dem Verständnis des Historikers über den »Zusammenhang mit langfristigen Faktoren ergeben, die selbst nicht Glieder in der Ereigniskette sind, welche die ›Geschichte‹ ausmacht.«[50] Die Art der Darstellung ist nicht freigestellt, sie hängt vielmehr von der Fragestellung und den verfügbaren Materialien mindestens genauso ab wie vom Temperament oder persönlichen ›Stil‹ des einzelnen Historikers.

Aus all dem folgt, daß beide Methoden der Forschung, die ›wissenschaftliche‹ und die ›traditionelle‹ in der Terminologie Fogels, bewußt und gewissenhaft eingesetzt werden müssen. Man kann heute nicht mehr eine Darstellung des Amerikanischen Bürgerkriegs vorlegen, ohne eine eindeutige und detaillierte Stellungnahme zur relativen Effizienz und Gewinnträchtigkeit der Sklavenarbeit abzugeben – und das geht nur mit cliometrischen Methoden. Zu glauben, daß die Cliometrie zu einer wirklichen Geschichte des Bürgerkriegs führen könne, wäre andererseits genau so irrig wie die Vorstellung, daß wir heute eine ›wissenschaftliche‹ Geschichte der Familie schreiben könnten. »Um den Ausbruch des Bürgerkriegs zu erklären«, hat Fogel geschrieben, »muß man nicht nur die systematischen Kräfte in Betracht ziehen, die im wirtschaftlichen, sozialen, ideologischen und politischen Bereich wirken und eine solche krisenhafte Entwicklung wahrscheinlich gemacht haben, sondern auch die Rolle einzelner Persönlichkeiten, einzigartiger Ereignisse und Entscheidungen, die auch gut anders hätten getroffen werden können, von Mißgriffen sowie einer Vielzahl anderer einschlägiger Faktoren, die im tatsächlichen Ablauf der Ereignisse von Bedeutung waren.«[51] Leider ist das eine Empfehlung, die der Althistoriker nicht wirklich in die Tat umsetzen kann. Die notwendigen Daten für eine cliometrische Analyse liegen nur für ganz wenige Situationen vor, und es werden noch weniger, wenn wir nach Serien suchen, die sich über längere Zeiträume erstrecken. Die literarischen Quellen bieten hierfür nichts oder kaum etwas; allein dokumentarische Quellen und archäologische Funde kommen in Betracht, und ich habe dafür schon einige Beispiele gegeben.[52] Aber die Grenzen sind schnell erreicht. So ist es zum Beispiel unvorstellbar, daß wir jemals zu einer quantitativen Darstellung der Produktivität oder Effizienz der Sklavenarbeit im antiken Griechenland oder Rom gelangen könnten.

Aus diesem unüberwindbaren Mangel folgt jedoch nicht, daß es für den Althistoriker keinen Ausweg aus der romantisch-idealistischen Tradition gäbe, die von Humboldt bis Eduard Meyer und über ihn hinaus reicht; jene Tradition, die gekennzeichnet ist durch die Betonung von Zufall, ›freiem Willen‹ und Intuition, durch ihre Gleichsetzung von Historiker und Künstler nicht nur in bezug auf die literarische Form, in die beide ihr Material kleiden, sondern auch von der Erkenntnistheorie her in Hinblick auf die freie Entscheidung über die Auswahl des Materials und ihr unbezweifelbares Recht, dies auf der Grundlage ihrer Intuition, ihres Gewissens oder wie sonst auch immer zu tun, kurz, durch ihre willkürliche Umkehrung von Objektivität und Subjektivität. Der Althistoriker kann nicht ernsthaft cliometrisch arbeiten, er kann jedoch auf das zweitbeste Verfahren, den Gebrauch nichtmathematischer Modelle zurückgreifen und das Thema seiner Erörterung dadurch in den Griff bekommen, daß er die veränderlichen Größen auswählt, die er studieren will.

Ein Modell ist definiert worden als

»vereinfachte Strukturierung von Realität, mit der als signifikant angenommene Relationen in eine allgemeingültige Form gebracht werden. Modelle sind insofern höchst subjektive Annäherungen an die Wirklichkeit, als sie nicht alle den Gegenstand betreffende Beobachtungen oder Vermessungen einbeziehen; als solche sind sie jedoch wertvoll, weil sie zufällig Details verdecken und statt dessen die fundamentalen Aspekte der Realität erkennen lassen. Diese Selektivität bedingt, daß Modelle unterschiedliche Grade von Wahrscheinlichkeit aufweisen und nur auf eine begrenzte Spannweite von Bedingungen anwendbar sind.«[53]

Für den traditionellen Historiker sind einige der Idealtypen Max Webers diejenigen Modelle, die vielleicht am vertrautesten sind und am längsten Verwendung fanden. Ein Idealtyp ist ein Modell; dies muß ganz klipp und klar gesagt werden angesichts eines hartnäckigen Mißverständnisses, das sich immer wieder in historischer Literatur findet. Zunächst ist ein Zitat aus Webers ausführlichster Erörterung von Idealtypen angebracht, weil es deutlich die Natur und Funktion von Modellen in historischen Untersuchungen ausdrückt:

»Ein Idealtypus wird gewonnen durch einseitige *Steigerung* eines oder einiger Gesichtspunkte und durch Zusammenschluß einer Fülle von diffus und diskret, hier mehr, dort weniger, stellenweise gar nicht, vorhandenen *Einzelerscheinungen,* die sich jenen einseitig herausgehobenen Gesichtspunkten fügen, zu einem in sich einheitlichen Gedankenbilde. In seiner begrifflichen Reinheit ist dieses Gedankenbild nirgends in der Wirklichkeit empirisch vorfindbar, es ist eine *Utopie,* und für die *historische* Arbeit erwächst die Aufgabe, in jedem einzelnen Falle festzustellen, wie nahe oder wie fern die Wirklichkeit jenem Idealbilde steht, inwieweit also der ökonomische Charakter der Verhältnisse einer bestimmten Stadt als ›stadtwirtschaftlich‹ anzusprechen ist.«[54]

Außer bei Wirtschaftshistorikern ist jedoch der Entwurf solcher Modelle eine seltene Verfahrensweise bei Historikern und besonders – wie ich argwöhne – bei Althistorikern (obwohl es eine zunehmende Zahl von klassischen Archäologen gibt, die sich der Konstruktion von Modellen unter dem Einfluß der Neuen Archäologie zugewendet haben). Tatsächlich gibt es eindeutige Anzeichen für eine gegenläufige Tendenz gerade auf dem Gebiet, das Weber erwähnt hat, der Stadtgeschichte. Anstatt Anstrengungen zu unternehmen, bestimmte Phänomene städtischer Kultur durch die Verwendung vereinfachender Annahmen deutlich herauszuarbeiten, werden Pseudo-Geschichten antiker Städte und Regionen geboten, in denen jede Bemerkung oder Berechnung aus einem antiken Text und jede Erfindung Platz findet, so daß sich ein Wust aus unverständlichen, bedeutungs- und zusammenhanglosen ›Fakten‹ ergibt – ›Fakten‹ in Anführungszeichen, denn viele der sogenannten Tatsachen sind reine Vermutungen oder schlichtweg Phantasieprodukte. Zwei Entwicklungen aus jüngerer Zeit liegen diesem Trend zugrunde; erstens die anschwellende Zahl der Publikationen von Inschriften, Papyri und Grabungsberichten, und zweitens der Einsatz von Computern, zumal in der Prosopographie. Das alte Problem, Kriterien für die Auswahl zu finden und festzulegen, wer darüber entscheidet, ist ›gelöst‹ worden, indem einfach die Auswahl abgeschafft worden ist. Alles ist jetzt aufgenommen, so als ob man die bekannte Kinderfrage beantworten wollte: »Erzähle mir alles, was Du über X weißt.«

Da dies ein schwerwiegender Vorwurf ist und da zudem die verschiedenen methodologischen Probleme, die hier berührt sind, aus meiner Sicht so überaus wichtig sind, muß ich meine Behauptung einigermaßen ausführlich begründen. Ich beginne mit Frasers Buch aus dem Jahre 1972, *Ptolemaic Alexandria*, der besten aus der laufenden Produktion von Pseudo-Geschichten antiker Städte, das das Vorbild des Genres ist, verfaßt von dem führenden Vertreter dieser Forschungsrichtung in England. Es muß vorausgeschickt werden, daß es sich um ein Werk von beispielhafter Gelehrsamkeit handelt. Es gibt einen Textband von 800 Seiten, einen zweiten Band von 1100 Seiten mit 6036 Anmerkungen und einigen Addenda sowie einen Indexband von 157 Seiten. Der Text hat zwei Teile, der erste, ›The Framework‹, besteht aus fünf Kapiteln, der zweite, ›The Achievement‹, aus langen Abhandlungen über verschiedene Aspekte der alexandrinischen Kultur einschließlich solcher Gebiete, auf denen es keine neuen Errungenschaften gegeben hat (wie Philosophie, Geschichtsschreibung oder Drama).

Mich interessiert hier allein der erste Teil des Textes, der dreihundert Seiten umfaßt. Er läßt sich am besten charakterisieren, indem ich einige kurze Zitate aus jedem der Kapitel anführe.

Das 1. Kapitel über ›Gründung und Topographie‹ schließt mit der Bemerkung: »unsere Überlieferung läßt eine Grenze deutlich erkennen; [...] die Entwicklung von Alexandria als Stadt wird für uns kaum faßbar« (S. 36).

Aus dem 2. Kapitel über ›Die Bevölkerung, ihre Organisation und Zusammensetzung‹ müssen zwei Stellen angeführt werden: »Die Herkunft der Bevölkerung Alexandrias bleibt in einem Dunkel, in das gegenwärtig kaum der Schimmer eines Lichts fällt« (S. 62). Diese Unkenntnis wird nur »etwas durch unser Wissen über die Maßnahmen ausgeglichen, die in ptolemäischer Zeit zur Vergrößerung der Bevölkerungszahl ergriffen wurden« (S. 65). Dieser Ausgleich hätte allerdings kaum bescheidener ausfallen können, denn es handelt sich um eine einzige, schwer verständliche Nachricht, nach der im 3. Jahrhundert und in der ersten Hälfte des 2. Jahrhunderts Griechen und Makedonen aus dem Fayum in die Bürgerschaft Alexandrias aufgenommen wurden – unter uns unbekannten Bedingungen und mit ebenso unbekannten Auswirkungen.

Das 3. Kapitel über ›Stadt und König‹ beginnt mit dem Eingeständnis, »daß unsere Unkenntnis über die Gliederung der Bürgerschaft genauso groß ist wie die über ihre politische Organisation« (S. 93).

Aus dem 4. Kapitel: »Über Handel und Gewerbe in Alexandria wissen wir wenig«, noch nicht einmal, ob der Handel im Auftrag des Herrschers oder von privaten Unterehmern betrieben wurde, oder ob beides der Fall war (S. 135).

Und schließlich: die vergleichsweise »reichlichen« Belege für die Kulte in Alexandria geben »praktisch keinerlei Hinweis« auf die große einheimische Bevölkerung (S. 189). Fraser meint, es sei »wahrscheinlich, daß dieses Schweigen der Quellen auf mangelnde religiöse Betätigung seitens der ägyptischen Bevölkerung zurückzuführen ist«. Ich finde diese Vermutung so unwahrscheinlich, wie es eben geht.

Es versteht sich fast von selbst, daß man auf der Grundlage solch profunden Nicht-Wissens einen Text von 300 Seiten nur mit Hilfe der »Erzähle-alles-was-Du-weißt-Methode« schreiben kann. Auch braucht man nicht lange zu erklären, daß ein solch anachronistisches antiquarisches Verfahren von jeder Berührung mit der reichen und oft aufschlußreichen Literatur zur allgemeinen Stadtsoziologie und Stadtgeschichte verschont geblieben ist. Daran habe ich mich schon gewöhnt; dennoch irritiert mich immer noch das Fehlen jeglicher tiefergehenden Wißbegier. Ich möchte das an einem zentralen Punkt illustrieren.

Die einzige Angabe zur Bevölkerungszahl, die wir für Alexandria haben, stammt von Diodor, der berichtet (17,52,6), daß er bei einem Besuch in der Stadt (im Jahre 60 v. Chr.) von den für den Zensus zuständigen Magistraten informiert worden sei, daß die freie Bevölkerung bei mehr als dreihunderttausend liege. Beloch übernahm diese Zahl, zählte willkürlich zweihunderttausend Sklaven hinzu und kam so auf eine Gesamtzahl von einer halben Million Einwohner.[55] Fraser sagt, daß man der Zahl Diodors keinen statistischen Wert beimessen dürfe, akzeptiert dann jedoch dessen weitere Feststellung, daß Alexandria die nach der Bevölkerung größte Stadt der Welt sei (obwohl Diodor selbst an anderer Stelle sagt, daß die meisten es an die erste und zweite Stelle setzen, 1,50,7), greift sich dann Kahrstedts Schätzung von neunhunderttausend für Rom aus der Luft und folgert daraus, daß die Gesamtbevölkerung Alexandrias »kaum, wenn überhaupt unter einer Million« lag, eine Zahl die vor dem Ende der römischen Republik erreicht worden sein soll.[56] Eine solche Wachstumsrate ist in der Geschichte der westlichen Welt ohne Beispiel; selbst London – wirklich ein einmaliger Fall – hat 200 Jahre gebraucht, von 1600 bis 1800, um von zweihunderttausend auf neunhunderttausend Einwohner anzuwachsen.[57] Für einen solchen Sprung hat London, wie man geschätzt hat, während dieser gesamten Zeit eine jährliche Netto-Zuwanderung von achttausend und oftmals mehr Personen benötigt. Die Versorgungsbedürfnisse einer solch rapide anwachsenden Bevölkerung haben zudem katalysierende Wirkungen auf die Landwirtschaft in Kent, East Anglia und Hertfordshire und sogar im weiteren Bereich gehabt.

Ich habe von einem irritierenden Mangel an tiefergehender Wißbegier gesprochen. Wo kam dieser immense, nicht-nachlassende Strom von Einwanderern her, wie wurden sie rekrutiert und wie angesiedelt? Wie war die Nahrungsmittel-Versorgung dieses großen urbanen Zentrums organisiert? Wo waren die Ressourcen dafür? Diese Fragen werden noch einmal ernsthaft gestellt. Vielleicht sind wir nicht in der Lage, zufriedenstellende Antworten zu finden, aber die Folgen oder zumindest die denkbaren Folgen können und müssen in Erwägung gezogen werden. Fraser schreibt (S. 135), daß

»in jedem Falle die regionalen Merkmale und Unterschiede großer Städte innerhalb desselben kulturellen Raumes gering zu veranschlagen sind. In einer Zeit vor der Erfindung der hochentwickelten Transporttechnik wurde ein großer Teil des täglichen Bedarfs solcher Städte ganz selbstverständlich durch die lokale Produktion gedeckt, und das muß man für Alexandria einfach ebenso annehmen wie für andere Plätze.«

Das ist bestenfalls ein Ausweichen vor dem Problem. Alexandria war nicht einfach eine andere ›große Stadt‹, sondern eine der zwei oder drei wirklichen Großstädte der Mittelmeerwelt im Altertum.

Und ihr Hinterland war auch nicht in der Lage, eine halbe Million Menschen zu ernähren.

Wir lesen eigentlich nirgendwo in Frasers Buch etwas über das Hinterland oder die lokale landwirtschaftliche Produktion. Er ist zu sehr von der weit verbreitet anerkannten Vorstellung gefangengenommen, Alexander habe von Anfang an die Vision von dem künftigen Handelszentrum der Mittelmeerwelt vor Augen gehabt (sogar schon bevor er das Perserreich besiegt und erobert hatte). Er beginnt seine Darstellung mit der häufig erzählten Legende, daß Alexander den Umkreis der künftigen Stadt mit Mehl markiert habe, das die Soldaten bei sich trugen, weil er und seine Baumeister nichts geeigneteres hatten. Der griechische Text des Arrian (3,2,1–2) wird sogar vollständig abgedruckt mit dem Schluß, wo von einem Seher berichtet wird, der der Stadt Reichtum prophezeit. Das kommentiert Fraser mit der Feststellung, der Bericht Arrians zeige »das Motiv Alexanders – Reichtum durch Handel«. Dafür findet sich kein Wort eines Belegs im Text, aber rätselhafterweise läßt Fraser die letzten neun Worte Arrians weg: »daß die Stadt im allgemeinen reich sein werde, besonders aber an Früchten der Erde«. Die Möglichkeit, daß die antiken Gewährsmänner, die 300 bis 600 Jahre danach schrieben, die spätere Geschichte der Stadt in die Gründungssage hineinlasen, wird nicht einmal in Erwägung gezogen, und ebensowenig der Umstand, daß normalerweise der erste Schritt bei jeder Neugründung der Antike die Ansiedlung der Angekommenen auf dem Lande war.[58]

In den letzten zwei oder drei Jahrzehnten hat es einen neuen Aufbruch in der Stadtgeschichte gegeben, die nun auf anspruchsvollen theoretischen Grundlagen und mit ausgefeilten statistischen Methoden betrieben wird. Es wäre schön, wenn Fraser mit seinen Schülern und Adepten die althistorische Antwort auf die ›new urban history‹ darstellen könnte, aber ich fürchte, daß dies ganz und gar nicht der Fall ist.

Schon in den dreißiger und vierziger Jahren hat David Robinson eine Serie ähnlicher Monographien publiziert. Der Vorwand damals war die Fülle des verfügbaren archäologischen Materials, heute sind es die Inschriften. Man hegt deshalb den Verdacht, daß es um nichts anderes geht, als darum, neue Themen – vor allem für Doktoranden – zu finden. Jedenfalls ist mir nicht bekannt, daß in dieser Literatur überhaupt eine Diskussion über Prinzipien und Konzepte von Urbanistik und Stadtgeschichte in der klassischen Antike stattfindet oder daß man zur Kenntnis nimmt, was sich auf diesem Gebiet in der mittelalterlichen und modernen Geschichte tut.

Ich muß noch einmal betonen, daß ich mit Frasers Buch das gediegenste Werk dieses Genre ausgesucht habe. Es wäre nichts gewonnen, wenn ich in ähnlicher Weise die ganze Reihe von Stadt- und Regionalgeschichten – von Argos, Böotien, Byzanz in klassischer und hellenistischer Zeit, über Capua, Kos, Marseille bis zu Potidäa oder Theben – untersuchte.

Aber es mag nützlich sein, noch kurz die römische Regionalgeschichte zu betrachten. »Wie jedes andere Gebiet«, lesen wir da, »erfuhr Samnium eine anhaltende und stetige Entwicklung [...]. Wir können die Veränderung nicht in den Einzelheiten belegen«, – was ganz einfach bedeutet, daß wir sie überhaupt nicht belegen können – »aber es ist evident, daß der Kontakt mit den Römern einen gewissen Einfluß auf die politischen Vorstellungen ausübte, die Nähe Kampaniens auf das Wirtschaftsleben und die kulturelle Entwicklung und das Beispiel der Griechen auf die religiösen Überzeugungen.«[59] Über welches italische Volk im südlichen Teil der Halbinsel kann das nicht gesagt werden? Oder von welcher künftigen Provinz des Römischen Reichs kann mit fallweise zu machenden Unterschieden nicht gesagt werden, daß ihr wirtschaftliches Leben (in diesem Falle von Noricum) »abhängig war von landwirtschaftlicher Produktion, Viehhaltung, Bergbau, Industrie – vor allem Eisengewinnung und Metallverarbeitung – und Handel«?[60] Unterschiede gibt es da nur im Stil, nicht in der Substanz; statt Frasers wiederholtem offenen Eingeständnis des Nicht-Wissens wird uns häufiger noch durch eine Art Code – die ständige Verwendung von Formulierungen wie ›zweifelsohne‹, ›es kann kein Zweifel bestehen‹, ›es muß [...] gewesen sein‹ – dasselbe signalisiert. Man sollte hervorheben, daß diese modernen antiquarischen Arbeiten keine erzählende Geschichte im traditionellen Sinne darstellen. Obwohl es erzählende Passagen gibt, die meistens bestimmte Schlachten oder Aufstände behandeln, über die zum Beispiel bei Herodot, Diodor oder Livius berichtet wird, so handelt es sich ganz überwiegend doch um Darstellungen von Institutionen. Insofern setzt man sich zwischen alle möglichen Stühle. Es handelt sich offensichtlich nicht um Cliometrie in irgendeinem möglichen Verständnis; es werden nur Fragen von antiquarischem Interesse gestellt; es wird nur alles mitgeteilt, was der Autor weiß. Indem man analytischen Überlegungen aus dem Weg geht, fällt man kopfüber in die Falle, vor der schon vor langer Zeit Max Weber gewarnt hat:

»So ist die Folge regelmäßig entweder, daß er [der Historiker] bewußt oder unbewußt, andere ähnliche [theoretische Konstruktionen] *ohne* sprachliche Formulierung und logische Bearbeitung verwendet, oder daß er im Gebiet der unbestimmten ›Empfundenen‹ steckenbleibt.«[61]

Dafür gibt es zahlreiche Beispiele, obwohl man sich vielleicht nicht allzuoft damit brüstet, daß man sich von »Konzepten aus soziologischen Untersuchungen stammen« nicht habe »belasten« lassen oder sich nicht von »vorgefaßten Kategorien, die aus Untersuchungen über andere Gesellschaften« stammen, habe beeinflussen lassen.[62]
Es gehört zur Natur von Modellen, daß sie ständiger Anpassung, Korrektur, Modifikation unterliegen oder gleich ganz ausgetauscht werden. Für nicht-mathematische Modelle gibt es, wenn überhaupt, wenige Grenzen für ihre Anwendbarkeit. Während cliometrische Modelle auf quantifizierbare Daten beschränkt sind, gibt es praktisch nichts, was nicht mit nicht-mathematischen Modellen erfaßt und analysiert werden könnte – Religion und Ideologie ebenso wie ökonomische Institutionen und Ideen oder Staat und Politik, sei es in Form einfacher Beschreibung, sei es in der von Entwicklungssequenzen. Die verbreitet zu findende Furcht vor apriorischen Konstruktionen ist fehl am Platze; jede Hypothese kann modifiziert, angepaßt oder, wenn nötig, gänzlich aufgegeben werden. Ohne Hypothese jedoch kann es überhaupt keine Erklärung geben, sondern nur Reportage und grobe Klassifizierung, antiquarische Forschung im engsten Sinne.

V. Krieg und Herrschaft[1]

Zu Beginn der Gesetze Platons sagt der Kreter Kleinias: »Was die meisten Menschen Frieden nennen, das ist nur eine Vorstellung; in der Wirklichkeit herrscht von Natur aus ständig unerklärter Krieg von allen Städten gegen alle anderen Städte« (626a). Wollte man eine Liste derer aufstellen, die darüber anders dächten, so würde sie schwerlich sehr lang – in der Tat gäbe es da niemanden aus der Antike[2] und erstaunlich wenige in der Neuzeit, und das ungeachtet der seit dem 16. Jahrhundert stetig wachsenden Zahl von Schriften, die den Krieg beklagen und seine schlimmsten Auswirkungen einzudämmen versuchen. Im Laufe der letzten hundert Jahre waren sich Anthropologen weitgehend darüber einig, daß die Feststellung Platons für sehr einfache Gesellschaften nicht gilt; daß Krieg eine Zivilisationserscheinung ist. Vielleicht ist das so, aber das ändert nichts an der Tatsache, daß alle historischen Völker in dieser Hinsicht ›zivilisiert‹ waren und in unaufhörlicher Folge Kriege führten.

Im Falle der Griechen und Römer müßte man in der Tat richtiger sagen ›mit unaufhörlicher Regelmäßigkeit‹. Nach Livius (1,19, 2–3) war die Januspforte (deren Schließung bedeutete, daß »Frieden mit allen angrenzenden Völkern herrschte«) nur zweimal in der ganzen Zeit der Republik geschlossen worden: einmal in der Mitte des 3. Jahrhunderts v. Chr. am Ende des Ersten Punischen Krieges und dann wieder im Jahre 30 v. Chr. nach dem Sieg des Augustus über Antonius und Kleopatra. Bei den Griechen gab es keine vergleichbare symbolische Handlung, doch kann man belegen, daß *allein Athen* sich durchschnittlich in mehr als zwei Dritteln der Jahre zwischen den Perserkriegen und seiner Niederlage gegen Philipp von Makedonien bei Chaironeia im Jahre 338 v. Chr. im Kriegszustand befand und daß es während dieses ganzen Zeitraumes nicht ein einziges Mal eine Friedensperiode von zehn aufeinanderfolgenden Jahren erlebte. Noch düsterer ist das Bild, das sich für die drei Jahrhunderte der hellenistischen Zeit nach der Eroberung des Ostens durch Alexander bietet, auch wenn man eine genaue Berechnung da nicht anstellen kann. Die etwas mehr als vierzig Jahre, die es brauchte, um die Verhältnisse im hellenistischen Osten einigermaßen zu stabilisieren, erschöpften die Reserven an Männern und Mitteln, über die Makedonien und das alte Griechenland verfügte. Doch auch danach fanden »Brudermord und Kämpfe« kein Ende »in den fruchtlosen Anstrengungen [...], in denen die hellenistische Welt Selbstmord beging«.[3]

Die römischen Zahlen sind besonders beeindruckend. Nach einer Berechnung waren in dem halben Jahrhundert des Hannibalischen und der Makedonischen Kriege Jahr für Jahr zehn Prozent aller Männer Italiens und oft mehr im Krieg, und in den Kriegen des 1. Jahrhunderts v. Chr. stieg der Anteil auf ein Drittel aller Männer. Nach einer anderen Berechnung diente im frühen 2. Jahrhundert v. Chr. die Hälfte aller römischen Bürger normalerweise sieben Jahre im Heer. Das sind natürlich Annäherungswerte, aber die Größenordnung stimmt.[4] »Und ideologisch gesehen war die vorherrschende Meinung, daß Krieg ein Ansporn zu höchster Tugend war – eine Doktrin übrigens, die sich als besonders überlebensfähig erwiesen hat und aus der Moderne hinreichend bekannt ist. Dafür mag es genügen, Jacob Burckhardt zu zitieren: »Ein Volk lernt wirklich seine Nationalkraft nur im Kriege, im vergleichenden Kampf gegen andere Völker kennen, [...]. Der lange Friede bringt [...] Entnervung hervor [...].«[5] Solche Ansichten vertrat man in der Antike (wiederum wie heute), aber daneben wurde auch die tragische Seite des Krieges herausgestellt, das Bild von einem goldenen Zeitalter ohne Krieg entworfen, wurde der ›Bürgerkrieg‹ verurteilt, man trat dann vergeblich dafür ein, daß Griechen nicht gegen andere Griechen Krieg führen sollten, und versuchte schließlich Krieg innerhalb des Römischen Reichs zu verhindern. Doch schloß die *pax Romana* die Völker außerhalb der Grenzen römischer Herrschaft niemals ein.

Die Religion der Antike liefert uns hinreichende Bestätigung, daß keine dieser ›friedfertigen‹ Wendungen der Ideologie an dem von mir als dominant bezeichneten Faktor etwas änderten: weder der unendlich mächtige römische Gott Mars noch der schwächere griechische Ares hatten die geringste Konkurrenz von seiten der unbedeutenden Friedensgottheiten zu fürchten. Man ging immer davon aus, daß ein Krieg göttliche Unterstützung fand, und die Mythologie zeigt immer wieder, wie Götter zufrieden sind mit der Tapferkeit und den militärischen Erfolgen ihrer menschlichen Schützlinge; es ist, soweit ich weiß, niemals vorgekommen, daß die Götter durch ihre Orakel und Zeichen je zu Frieden um seiner selbst willen geraten hätten (obgleich sie manchmal von einer bestimmten Schlacht oder einem Krieg aus besonderen Gründen abrieten).

Man ging also in der Antike ohne Rücksicht auf ideologische Feinheiten ganz allgemein davon aus, daß Krieg ein natürlicher Zustand der menschlichen Gesellschaft sei. Weder Geschichtsschreiber noch Philosophen stellten je die Frage ›Warum Krieg?‹, obgleich sie doch regelmäßig, nachdem Herodot und Thukydides den Weg gewiesen hatten, die Ursachen und Anlässe für den Ausbruch einer bestimmten bewaffneten Auseinandersetzung untersuchten.[6] In solchen Erörterungen tauchen gelegentlich Zweifel auf, und manche der Spielregeln, nach denen verfahren wurde, lassen auf einen gewissen Wertekonflikt schließen. Wenn bei Polybios die damaligen Zweifel ihren Widerhall finden, ob es eine richtige Entscheidung sei, dem Hilfegesuch der in Messina angesiedelten mamertinischen Söldner nachzugeben (1,10–11) und das zu beginnen, was zum 1. Punischen Krieg werden sollte, oder wenn Polybios die Inbesitznahme Sardiniens als »wider alles Recht« (3,28,1) geschehen brandmarkt, dann wird da keineswegs ein allgemeines moralisches Problem aufgeworfen oder die Wahrheit der Feststellung in Frage gestellt, daß Krieg eine natürliche Form menschlichen Verhaltens sei. Jedoch zeigt der im Kriegsrecht verankerte römische Anspruch, nur gerechte Kriege zu führen, so verlogen er auch immer in der Praxis war, ebenso einen echten Konflikt der Werte wie zum Beispiel die allgemein verbreitete und notfalls durch Vertrag gesicherte Konvention, daß die Bestattung der gefallenen Feinde zugelassen werden müsse. Das steht nicht im Widerspruch zu der Vorstellung, daß Krieg eine natürliche Sache sei, oder bedeutet eine grundlegende Herabsetzung militärischer Auszeichnungen und Erfolge in der Wertskala, aber es ist doch eine wichtige Nuance, die alle Fragen in bezug auf Krieg und

Frieden und sogar das historische Problem der Kriegsursachen und der Kriegsschuld kompliziert.

Die vornehmlichste Schwierigkeit ist die, daß man die Frage danach, warum ein Krieg geführt wird, nicht gänzlich von der anderen Frage nach der Gerechtigkeit oder Ungerechtigkeit dieses bestimmten Krieges trennen kann. Das zeigt uns in hinreichendem Maße Thukydides. Ich meine etwa seinen Bericht (1,66–88) über die Diskussion in Sparta, die zur Entscheidung für eine Kriegserklärung an Athen führte; oder folgende umstrittene Feststellung, die seiner eigenen ausführlichen Darstellung der Vorgeschichte des Krieges zu widersprechen scheint: »Für den wahrsten Grund freilich, von dem am wenigsten die Rede gewesen ist, halte ich es, daß die Athener, indem sie mächtig geworden waren und den Spartanern Furcht einflößten, so zum Krieg trieben« (1,23,6; vgl. 1,88); oder ich meine seine Schilderung der Debatten, die der Sizilischen Expedition Athens im Jahre 415 v. Chr. vorausgingen (6,8–24). Aus diesen Passagen und überhaupt aus dem gesamten Werk des Thukydides wird deutlich, daß Krieg eine Lösung war, die grundsätzlich jedem Staat jederzeit offenstand; daß, um es andersherum zu sagen, jedes Argument gegen einen Krieg sich auf die besonderen Umstände beziehen mußte und nicht auf eine allgemeine Gegenhaltung, auf taktische und nicht auf prinzipielle Erwägungen.

Obwohl die antike Geschichtsschreibung sich intensiv mit dem Krieg beschäftigt, ist bezeichnenderweise der Fortschritt bei der Einsicht in seine Ursachen doch gering. »Der Ertrag«, so schrieb Momigliano, den Thukydides und seine Nachfolger einbrachten, »war nicht sehr bedeutend. Weder Xenophon noch der Verfasser der *Hellenica Oxyrhynchia* entwickelten in dieser Hinsicht große Fähigkeiten«; Polybios »sieht die Ursachen des Krieges zu einfach und unterwirft sie den Gesetzen der Vernunft«; römische Geschichtsschreiber seien da nicht viel besser und ebensowenig Platon und Aristoteles mit ihren theoretischen Überlegungen.[7] Für diesen Mangel macht Momigliano die zugrundeliegende Annahme verantwortlich, derzufolge Krieg unvermeidlich sei, in der Natur des Menschen liege, während etwa Verfassungsgeschichte und innere Auseinandersetzungen von den Menschen gemacht und daher durch menschlichen Einfluß zu ändern seien.

Bevor wir den Mangel an Einsicht nun gleich beklagen und verurteilen, müssen wir uns vor Augen halten, wie wenig Fortschritte seit der Antike gemacht worden sind. Der Herausgeber einer Sammlung von Aufsätzen zur Konfliktforschung beklagte im Jahre 1945, daß das Phänomen menschlicher Konflikte »trotz der Aufmerksamkeit, die ihm seit jeher geschenkt wurde, dennoch genauso rätselhaft geblieben ist, als ob es niemals entdeckt worden wäre«.[8] Das ist, zumindest was die Antike angeht, nicht so übertrieben, wie es auf den ersten Blick erscheinen mag. Die zentrale Frage ist, inwieweit man individuell oder gemeinschaftlich ausgeübte Gewalt für ein ›normales‹ Mittel zur Durchsetzung von Zielen ansieht. Wir leben heute in einer Welt, die Gewaltanwendung in ideologischer und sogar moralischer Hinsicht für anstößig hält, obgleich wir doch in der Praxis wenig dagegen tun; das mag angehen, solange man nicht fälschlicherweise auch Griechen und Römern ähnliche Wertvorstellungen unterstellt, die nachweislich nicht die ihren waren. Die Welt der Antike ist eine Welt, in der ein großer Teil der Arbeitskräfte unter außerökonomischem Druck arbeitete, in der über einen langen Zeitraum und räumlich weitverbreitet Gladiatorenkämpfe auf Leben und Tod die beliebteste Form öffentlicher Vergnügung für die Eliten wie für die Massen waren, in der Wegelagertum, Piraterie und Repressalien häufig von sogenannten ›zivilisierten‹ Staaten ermutigt oder sogar von ihnen selbst betrieben wurden.[9] Es wäre daher höchst erstaunlich, wenn die vorherrschende Ideologie die ›natürliche‹ Existenz des Krieges als einem Mittel zum Erwerb und einem Weg zur Durchsetzung von Zielen nicht anerkannt hätte. Nach der Überlieferung besteht keine Notwendigkeit, den Griechen und Römern ein so erstaunliches Verhalten zu unterstellen. Doch bestand und besteht unter Historikern eine starke Abneigung dagegen, in bezug auf den Krieg in der Antike und seine Folgen den Tatsachen ins Auge zu sehen und diese Dinge ohne Verdrehung durch anachronistische ideologische oder psychologische Erwägungen zu betrachten.

Ich will einige Beispiele herausgreifen, die ich ausgewählt habe, weil sie naheliegend waren für den, der eigentlich Besseres finden wollte. Das erste und vielleicht tatsächlich naheliegendste ist der erste Band über das griechisch-römische Altertum in der vielbändigen *Geschichte der Kriegskunst* von Hans Delbrück. Delbrück,

Nachfolger Treitschkes auf dem Berliner Lehrstuhl für Geschichte, war ein Spezialist für Militärgeschichte. Indes trotz des Untertitels ›Im Rahmen der politischen Geschichte‹ ist in dem 500 Seiten starken Band zum Altertum nichts in bezug auf irgendein wirkliches historisches Problem ausgesagt; das Buch quält sich mit der Ungenauigkeit der Zahlenangaben in den antiken Quellen herum und beschäftigt sich darüber hinaus vor allem mit Schlachtplänen, taktischen Fragen und militärischer Disziplin.[10] Als nächstes wollen wir uns dem Werk Victor Martins zuwenden, *La vie internationale dans la Grèce des cités* (1940), in Genf geschrieben unter dem Eindruck, wenn nicht gar unter den Vorzeichen der internationalen Friedensbewegung. Anders als Delbrück bietet Martin häufiger Erklärungen – kurze, fast epigrammatische Erklärungen, die eigentlich nichts wirklich deutlicher machen, wie zwei Beispiele zeigen mögen: die Niederlage Karthagos in der Schlacht bei Himera habe nur kurzfristig zu einer Einigung Siziliens geführt, »der Eifersucht wegen, die die Tyrannen gegenüber den anderen Dynasten hegten« (S. 14); Griechenland sei in so viele Stadtstaaten aufgespalten geblieben, weil das

»der Veranlagung der griechischen Seele so sehr entsprochen hat« (S. 30); das Ideal, das alle griechischen Stadtstaaten erfüllt, kann in dem einzigen Wort ›Freiheit‹ zusammengefaßt werden. Alle wünschen sehnlichst, sich dieses Guts voll und ganz zu erfreuen, und dieser Wunsch bestimmt den Großteil ihres außenpolitischen Handelns.« (S. 76)

Schließlich ist da das neue umfangreiche Buch von de Ste. Croix zu nennen, *The Class Struggle in the Ancient Greek World,* veröffentlicht im Jahre 1981, das sich unbeschadet seines Titels zu mehr als der Hälfte mit der römischen Welt bis hin zur Eroberung durch die Araber im 7. Jahrhundert beschäftigt. Das Wort ›Krieg‹ kommt im Index gar nicht vor, und auch wenn es vorkäme, würde das nicht viel helfen, denn die Stellenangaben wären auf wenige Seiten beschränkt. Der Autor bittet selbst dafür um Nachsicht, daß er »keinen Raum für eine angemessene Erörterung« dessen gehabt habe, was er »den militärischen Faktor« nennt; und als er ihm schließlich doch sieben Seiten widmet (259–66), trifft er meist auf der Hand liegende Feststellungen und beschäftigt sich in diesen nicht sehr inhaltsreichen Seiten hauptsächlich mit der Spätantike.

An einer anderen Stelle zitiert er beiläufig die Marxsche Feststellung, daß es Kriege gewesen seien, mit denen die Patrizier die Plebeier zugrundegerichtet hätten (S. 336), aber er nimmt das nicht weiter auf. Das ist alles sehr sonderbar, und zwar aus drei Gründen. Erstens, weil in einem Buch, das auf sehr polemische und aggressive Weise marxistisch ist, die Marxschen Gedanken über Krieg im Altertum nicht entwickelt werden – Gedanken, die zwar nicht sehr zahlreich zu finden, aber doch keineswegs als nebensächlich einzustufen sind.[11] Zweitens muß man kaum Marxist sein, um die entscheidende Rolle von Krieg und Herrschaft (die in dem Buch auch weitgehend unbeachtet bleiben) für den ›Klassenkampf‹ in der Antike zu erfassen. Drittens trug das andere Buch von de Ste. Croix, ein Jahrzehnt vorher geschrieben und veröffentlicht, im Jahre 1972, den Titel *The Origins of the Peloponnesian War*. Die Kapitel, die sich unmittelbar mit den Ursachen auseinandersetzen, betonen immer wieder die eine These, nämlich daß es die Spartaner waren, die an dem Ausbruch dieses langen Krieges schuld waren, den sie am Ende gewannen, und nicht die Athener. An einer Stelle (221) macht de Ste. Croix im Zusammenhang mit athenischen Interessen im Westen, die in die Zeit vor der Mitte des 5. Jahrhunderts v. Chr. zurückreichen, ganz nebenher ein Zugeständnis, das verdient, ausführlich zitiert zu werden:

»Natürlich wird jeder Staat jede Gelegenheit wahrnehmen, seinen Einfluß auszudehnen, und man konnte von den Athenern nicht erwarten, daß sie das Ansuchen um ein Bündnis ausschlagen würden, das ihnen ermöglichen sollte, sozusagen ›einen Fuß in der Tür‹ zu haben, wenn sie jemals in der Zukunft einen ›legitimen‹ Grund brauchen sollten, im Westen einzugreifen [...]. Jeder großangelegte Griff Athens nach Sizilien würde ein Akt des nackten Imperialismus sein, und er müßte auf verbreiteten Widerstand stoßen [...]. Daher ist es verständlich, daß die Athener nicht einmal im Ansatz ernsthaft daran denken sollten, Kontrolle über Sizilien zu gewinnen, bevor nicht der Peloponnesische Krieg begonnen hatte.«

Es ist mir nicht klar, wie ein Staat »jede Gelegenheit wahrnehmen« kann, »seinen Einfluß auszudehnen«, ohne daß er einen »Akt des nackten Imperialismus« begange, eine Handlung, die ganz sicher »auf verbreiteten Widerstand stoßen« würde. Auf Ersuchen seines Verbündeten Leontinoi entsandte Athen im Jahre 427 v. Chr. eine ansehnliche Streitmacht nach Sizilien, konnte aber damit nicht mehr erreichen, als daß man zwei Jahre lang einen wechselvollen Kampf führte; im Jahre 415 v. Chr. indes reagierte man auf ähnliches Ersuchen von seiten Segestas mit der Aufstellung einer Invasionsstreitmacht, die ausreichte, um die Eroberung mindestens der Osthälfte der Insel ins Auge zu fassen. War letzteres eher ein »Akt des nackten Imperialismus« als im vorangegangenen Fall, oder war es nur eine Frage des Ausmaßes? Daß es ein Schritt von weit gewaltigerem Ausmaß war, ist sicher: Thukydides (6,31,1) nannte die Flotte, die im Jahre 415 v. Chr. von Athen aus in See stach, die aufwendigste und großartigste Expedition, die je von einem griechischen Staat ausgerüstet worden war. Aber Thukydides war auch eindeutig in seinem Urteil über die Anstrengungen des Jahres 427: das Bündnis mit Leontinoi sei ein Vorwand gewesen, erklärt er (3,86,4), denn das wahre Ziel der Athener sei es einerseits gewesen zu verhindern, daß sizilisches Getreide die Spartaner erreichte, und andererseits zu testen, ob Sizilien unter athenische Vorherrschaft gebracht werden könne. ›Nackter Imperialismus‹ wird als selbstverständlich vorausgesetzt. Widerstand ebenfalls; die Frage ist lediglich, ob dieser Widerstand überwunden werden kann oder nicht. Eine Unterscheidung zwischen ›nacktem‹ und ›noch nackterem‹ Imperialismus zu treffen scheint mir nicht sehr hilfreich.

De Ste. Croix hat fälschlicherweise seine eigenen Werturteile in seine Darstellung des Verhaltens von Griechen im Altertum einfließen lassen. Moralische Billigung oder Mißbilligung einer kriegerischen Handlung, so begründet sie als Urteil eines Beobachters auch immer sei, kann doch nicht mit gutem Recht und so ohne weiteres in den Erwägungsspielraum der Handelnden einbezogen werden. Marx hat diesen Fehler vermieden, und der Ausgangspunkt für jede marxistische Betrachtung (oder eigentlich für jede Betrachtung überhaupt) des Krieges in der Antike ist ohne Frage das folgende Zitat aus seinen ›Grundrissen‹:

»Die Schwierigkeiten, die das Gemeindewesen trifft, können nur von anderen Gemeindewesen herrühren, die entweder den Grund und Boden schon okkupiert haben, oder die Gemeinde in ihrer Okkupation beunruhigen. Der Krieg ist daher die große Gesamtaufgabe, die große gemeinschaftliche Arbeit, die erheischt ist, sei es um die objektiven Bedingungen des lebendigen Daseins zu okkupieren, sei es um die Okkupation derselben zu beschützen und zu verewigen. [...] Wird der Mensch selbst als organisches Zubehör des Grund und Bodens mit ihm erobert, so wird er miterobert als eine der Produktionsbedingungen, und so entsteht Sklaverei und Leibeigenschaft, die die ursprünglichen Formen aller Gemeinwesen bald verfälscht und modifiziert und selbst zu ihrer Basis wird.«[12]

Damit erweiterte und verfeinerte Marx den Gedanken, daß Krieg eine ›natürliche‹ Form menschlichen Verhaltens sei, indem er feststellt, daß Krieg in frühen Gesellschaften der grundlegende Faktor für wirtschaftliches Wachstum und demzufolge für die Veränderung der Sozialstruktur sei. »Militärische Macht« schreibt Perry Anderson, »hing stärker mit wirtschaftlichem Wachstum zusammen als bei allen anderen Produktionsverhältnissen vorher und seitdem.« Das »volle Potential der Produktion in einer Sklavenhaltergesellschaft wurde erstmals von Rom entfaltet« in der frühen Kaiserzeit, nachdem der »räuberische Militarismus« der Republik »ihr hauptsächliches Mittel zur wirtschaftlichen Akkumulation« gewesen war.[13] Dem können wohl auch Geschichtsforscher zustimmen, die nicht Marxisten sind und Begriffe wie ›Produktionsverhältnisse‹ nicht verwenden. Für den Bereich der römischen Geschichte scheinen mir jedenfalls die Belege in dieser Hinsicht erdrückend.[14] Dennoch werden uns immer wieder Kostproben von Publikationen gegeben, die sich mit den Ursachen des einen oder anderen Konflikts in der römischen Geschichte beschäftigen, denen aber nicht die allergeringste übergreifende Vorstellung von der Natur des Krieges und seinen Ursachen zugrundeliegt; im Bereich der griechischen Geschichte haben derartige Publikationen nahezu Monopolstellung. Es gibt natürlich Ausnahmen, aber die vorherrschenden Interpretationsmuster findet man nicht aufgrund einer statistischen Untersuchung, wieviele Autoren auf der einen oder der anderen Seite stehen.
Ich kann nicht für mich beanspruchen, daß ich alle Publikationen studiert habe, doch nach meiner Kenntnis gibt es nur zwei längere Arbeiten im Umfang eines Buches, die den Krieg in der Antike als ein ›normales‹ strukturelles Element der antiken Gesellschaft untersuchen, und sie tun es beide vom marxistischen Standpunkt aus. Die erste, im Jahre 1901 veröffentlichte Arbeit ist Ettore Ciccottis *La guerra e la pace nel mondo antico*. Dieses Buch basiert auf der mehrmals wiederholten These, daß »mit der unzureichenden Ent-

wicklung der Produktionskräfte eine Tendenz einherging, sich einem System gewaltsamer Aneignung zuzuwenden, besonders im Verhältnis zur Außenwelt.«[15] Ciccotti war eine führende Figur in italienischen Historikerkreisen zu jener Zeit, als der Marxismus heftig diskutiert wurde, und Gaetano De Sanctis widmete seine Antrittsvorlesung in Turin im Jahre 1904–05 einem Angriff auf den Marxismus, indem er Ciccottis Werk einer Kritik unterzog und der marxistischen Dialektik als Ansatz einen multikausalen Positivismus entgegenstellte. Cicottis Antwort war ein Pamphlet mit dem Titel *Die Philosophie des Krieges und der Krieg gegen die Philosophie*, das De Sanctis so in Rage brachte, daß er seinerseits mit einem langen und unverblümt scharfen Nachtrag zu seiner ursprünglichen Vorlesung antwortete, der den Titel *Über den historischen Materialismus* trug. Später griff Croce mit weniger Sympathie für De Sanctis, als man erwartet hätte, die Auseinandersetzung kurz wieder auf, und zwar in den Kapiteln über den historischen Materialismus in seiner *Geschichte der italienischen Historiographie des 19. Jahrhunderts,* die er 1914 und 1915 schrieb, aber erst 1921 veröffentlichte. Danach schlief die Diskussion ein, soweit ich weiß, und Ciccottis Buch verschwand aus dem Blickfeld.[16] Ein halbes Jahrhundert später erschien Yvon Garlans *La guerre dans l'antiquité,* und auch dieses Buch scheint keinen großen Anklang gefunden zu haben.

Wenn Krieg wirklich eine zentrale Frage des antiken Staats war, wenn Krieg eine stets gegebene Möglichkeit war, dann ist die Suche nach den Ursachen eines bestimmten Krieges solange zum Scheitern verurteilt, als sie sich in einer Beschreibung der vorangehenden Ereignisse erschöpft. Thukydides hat mit seinem kurzen Satz über den »wahrsten Grund« des Peloponnesischen Krieges einen solchen Ansatz ad absurdum geführt. Angesichts der athenischen Expansion und der Furcht der Spartaner davor war der Krieg zwischen beiden unvermeidlich, und es spielte kaum eine Rolle, ob er in dem einen oder anderen Jahr infolge des einen oder des anderen Zwischenfalls ausbrach. Die Unfähigkeit heutiger Historiker, sich über die unzähligen Fragen dieser Art zu einigen, verstärkt diesen Eindruck.

Aber einmal angenommen, wir versuchen es mit folgendem Ansatz. Man kann sich ohne Diskussionen darauf einigen, daß viele

Kriege aus verschiedenen Gründen geführt wurden, sei es rein zur Verteidigung, sei es zur psychologischen Befriedigung, wie sie Ruhm oder Rache bieten konnten, oder um begrenzter taktischer Ziele willen. Kriege wurden auch aus Furcht geführt, wie es Thukydides im Falle des Peloponnesischen Krieges annahm, und das ist ein besonders interessantes Motiv, weil es die Behauptung als wahr erweist, daß der Krieg in der Existenz dieser Welt angelegt ist, etwas ›Natürliches‹ ist. Wovor mußte man sich fürchten? Vor der Möglichkeit, daß ein anderer Staat durch Gewaltanwendung das eigene Territorium überfallen und plündern, erobern und auf irgendeine Weise unterjochen würde. Das waren zu keiner Zeit in der Antike etwa eingebildete oder neurotische Befürchtungen. Bei kleineren Staaten versteht sich das fast von selbst, aber es gilt doch, auch wenn es paradox erscheint, ebenso für die mächtigsten imperialistischen oder Hegemonialstaaten. Man braucht nur daran zu denken, wie leicht die Römer trotz der Erschöpfung durch den Hannibalischen Krieg im Jahre 201 v. Chr. durch Rhodos und Pergamon zu dem sogenannten 3. Makedonischen Krieg veranlaßt werden konnten. Eine Erwägung in einer unauflöslichen Kombination von Motiven war ausdrücklich die Furcht vor der vereinten Bedrohung durch Philipp V. von Makedonien und Antiochos III. in Syrien.

Aber nachdem wir all diese verschiedenen Motive aufgezählt haben, bleibt doch als unverrückbare Tatsache, daß Kriege in der Antike Gewinn brachten und daß sich die politischen Führer dessen voll bewußt waren. Man kann nun fragen, wer Gewinn davontrug. Wie wurden die Gewinne verteilt? Was waren die Folgen? Ich will nicht behaupten, daß das Motiv des Gewinns das Denken der Antike in bezug auf den Krieg oder die diesbezüglichen politischen Entscheidungen allein bestimmte, oder daß er bei der Motivation auch nur stets im Vordergrund stand. Sicher gab es viele Kriege vor allem untergeordneter Bedeutung, bei denen der Gewinn der vorherrschende Beweggrund war und deren Geschichte mehr oder minder unter die Kategorie »Viehraub« fiel im Sinne der Erzählung Nestors bei Homer (*Ilias* 11, 670–84). Diese Kriege fanden in den Quellen (und in der modernen Forschung) keine größere und häufig gar keine Beachtung. Am anderen Ende der Skala stehen die Kriege, die um höchste Einsätze geführt wurden, bei denen es sogar um das Überleben des Einen der beiden Gegner gehen konnte; Kriege, bei denen der einzelne Soldat auf Beute gehofft haben mag, bei denen aber derartige Erwägungen nicht das hauptsächliche oder auch nur ein hauptsächliches Element auf der Ebene der politischen Entscheidung gewesen sein können (es sei denn post factum).

Zwischen diesen beiden Extremen gab es jede Art Kombination von Motiven. Selbst der Feldzug Philipps II. von Makedonien gegen die Skythen im Jahre 339 v. Chr., von dem ausdrücklich berichtet wird, sein Zweck sei gewesen, die Kasse der Makedonen aufzufüllen, was Philipp in höchst zufriedenstellendem Maße zustandebrachte, hatte doch auch politische Aspekte.[17] Oder die ›Strafexpedition‹ Roms gegen die sieben epirotischen ›Städte‹, die sich im Jahre 167 v. Chr. auf die Seite des Königs Perseus von Makedonien gestellt hatten, artete in fast beispiellose Plünderung aus, einschließlich der Versklavung von 150 000 Männern, Frauen und Kindern. Ein Staat, hat Harris geschrieben, der Antiochos III. eine Reparationszahlung von 15 000 Talenten auferlegt und an einem einzigen Tag 150 000 Epiroten versklavt, kann nicht als »zögernd in seinem Streben sich zu bereichern« bezeichnet werden.[18]

In seiner Schilderung der Vorgänge, die zum Ausbruch des Peloponnesischen Krieges führten, läßt Thukydides eine athenische Gesandtschaft in Sparta folgende Argumente vortragen (1,76,2):

»Wir haben also nichts Erstaunliches getan, nichts gegen menschliche Art, wenn wir die uns angebotene Herrschaft angenommen und sie dann auch nicht wieder aufgegeben haben, weil uns drei sehr mächtige Motive beherrschten: Ehre, Furcht und Gewinn. Wir sind auch nicht die ersten, die so gehandelt haben, sondern es war immer die Regel, daß der Schwächere von den Stärkeren beherrscht wurde [...].«

Natürlich war es die Ausdehnung des athenischen Reichs, die im Mittelpunkt des Kampfes um die Macht stand, aus dem schließlich der Peloponnesische Krieg wurde.

Ehre und Furcht finden bei den modernen Geschichtsforschern in ihren Darstellungen antiker Kriege großen Anklang als Motive, aber normalerweise nicht der Gewinn.[19] Hier scheint eine eigenartige Inkonsequenz in der Bewertung um sich zu greifen. Im Jahre

1971 leitete Pritchett seine Kapitel über Kriegsbeute bei den Griechen ein mit dem Satz: »Eine umfassende Untersuchung über Kriegsbeute ist niemals geschrieben worden.«[20] Doch Thukydides (6,24,3) zählt die Hoffnung auf Gewinn ausdrücklich als eines der Motive auf, die hinter der Entscheidung für die Sizilische Expedition im Jahre 415 v. Chr. stehen; Aristoteles (*Politik* 1256b 23–26) reiht den Krieg nicht weniger ausdrücklich unter die ›natürlichen‹ Arten des Erwerbs ein; und mehr und mehr inschriftlich erhaltene Texte überliefern Verträge, die zuallererst festlegen, wie die erwartete Kriegsbeute unter die miteinander Verbündeten aufzuteilen sei.[21] All das scheint einfach der Vergessenheit oder der Mißachtung anheimzufallen: »Wenn Rom auf Beute aus gewesen sein sollte, hat es sich nicht sehr geschickt angestellt. Zuviele Gelegenheiten wurden ausgelassen [...]«.[22] Andererseits taucht das Beutemotiv wieder bei sehr zweifelhaften Gelegenheiten ungerechtfertigt auf, wie z. B. im Zusammenhang mit der Gründung des Attischen Seebunds, der schnell zu einem athenischen Reich wurde.[23] Abgesehen von einigen sonderbaren und nicht sehr zahlreichen Ausnahmen also schenken die Standardwerke zur griechischen und römischen Geschichte dem materiellen Gewinn aus Kriegstätigkeit wenig oder gar keine Aufmerksamkeit. Statt dessen findet man eine stetige Abfolge von diplomatischen und politischen Ereignissen, die aus irgendwelchen nicht hinreichend erklärten Gründen zu einem Waffengang führen.

Wenn wir uns nun stattdessen einmal vorstellten, es gäbe eine Möglichkeit, eine Anzahl von Modellen für Kriege in der Antike zu konstruieren? Zu Beginn müßten wir zwischen kleinen und großen Staaten unterscheiden. Eine Untersuchung der mehr als 2500 »wichtigen« neuzeitlichen europäischen Schlachten in der Zeit zwischen 1480 und 1940 hat ergeben, daß die Häufigkeit in der Beteiligung einzelner Staaten von 47% (Frankreich) bis 2% (Dänemark) reichte; daß »klarerweise die großen Mächte am häufigsten kämpften«, während es kleine Staaten in der Regel vorzogen, ihr Schicksal lieber hinzunehmen als »einen Krieg zu beginnen, der ihre Situation vermutlich eher verschlimmern würde und zu dessen Ausgang sie nur wenig beitragen konnten.«[24] Es ist eine vertretbare Annahme, daß das mutatis mutandis auch für die antiken Stadtstaaten gilt, und eine halbwegs neue Untersuchung von Amit über den fortgesetzten Kampf dreier kleiner Staaten um die Bewahrung ihrer Unabhängigkeit – Aigina gegen Athen, Plataiai gegen Theben, Mantineia gegen Sparta – liefert ausführliche Belege. »Die griechische *polis*«, schreibt Amit,

»war der Theorie nach eine kleine, unabhängige Einheit, die weder nach Expansion noch nach Eroberung strebte; jede Stadt, ganz gleich wie groß oder stark sie war, war ein gleichberechtigtes und autonomes Mitglied der griechischen Gemeinschaft. Aber in Wirklichkeit herrschten die Großen über die Kleinen [...]. Der Kampf der großen Mächte Griechenlands um die Hegemonie ist nur ein Aspekt der griechischen Geschichte, die ständigen Konflikte zwischen den kleinen und den großen Städten ist ein gleichermaßen wichtiger charakteristischer Zug.«[25]

All das könnte man noch ausführlicher quantitativ bestimmen. Die Annahme, von der ich eben ausgegangen war, könnte überprüft werden, indem man alle bekannten Kriege oder Schlachten im archaischen, klassischen und hellenistischen Griechenland systematisch in diese einfachen Kategorien von kleinen und größeren Stadtstaaten aufgliedert. Eine solche Gliederung würde niemals eine so repräsentative Statistik werden wie die Analyse neuzeitlicher europäischer Kriege von Quincy Wright – es gibt einfach keine ausreichenden Belege –, aber ein solches Vorgehen würde doch unser Verständnis mehr vertiefen, als das jeder anderen Untersuchung bisher gelungen ist. Es würde so allgemeine Feststellungen entweder bestätigen oder als falsch erweisen, wie sie zum Beispiel de Ste. Croix in seinem Buch über die Ursachen des Peloponnesischen Krieges trifft, daß »Streitigkeiten über Landbesitz, vor allem im Grenzgebiet zwischen zwei Staaten, der vornehmliche Grund für Kriege zwischen griechischen Staaten waren«. Andere »Typen«, fügt er hinzu, »werden gelegentlich erwähnt. Zum Beispiel spricht Demosthenes (15,170) von Kriegen ›um die Hegemonie‹: der Peloponnesische Krieg war von dieser Art.«[26] Indes waren alle wichtigen Kriege der Antike von dieser Art, zumindest von dem Zeitpunkt an, als es in spätarchaischer Zeit große Kampfverbände gab. Es gab keine klare Unterteilung in zwei ›Typen‹ von Kriegen, einmal um Landbesitz, das andere Mal um die Hegemonie. Eine derartige Vorstellung ist im Grunde ein Überbleibsel der einstmals vorherrschenden und sich hartnäckig behauptenden unsinnigen Annahme, Rom habe, wie Großbritannien, sein Reich in einem Anfall von zufälliger Selbstvergessenheit erworben.[27] Wenn man ein Reich ›Hegemonie‹ nennt, ändert das weder seine Beschaffenheit noch seine Ziele im allergeringsten. Unterschiede in der Machtstruktur *innerhalb* von Hegemonialstaaten stellten natürlich wichtige veränderliche Faktoren dar. Ein Perikles, der Jahr für Jahr als *strategos* wiedergewählt wurde, war anders motiviert als ein ehrgeiziger römischer Konsul, der nur ein Jahr zur Verfügung hatte, um militärischen Ruhm und materiellen Gewinn zu erobern.

Des weiteren erfordert unser Modell den Einschluß von Kosten und Gewinn als zwei veränderlichen Faktoren, die zusätzlich bestimmt sind durch die Art und Weise, in der sie verschiedenen Teilen der Bevölkerung zufielen oder zugeschanzt wurden. Die Bedeutung dieser zusätzlichen Qualität ist schnell zu beweisen. In allen Diskussionen der letzten Jahrzehnte um die »Popularität der athenischen Herrschaft«[28] fehlt ein entscheidendes Glied; wir wissen nämlich nicht, auf welche Weise der an Athen zu zahlende Tribut in den unterworfenen Staaten des Reiches aufgebracht wurde. Wenn die übliche Praxis klassischer griechischer Stadtstaaten vorherrschte, was nicht fernliegt anzunehmen, dann fielen die Kosten des Tributs fast vollständig auf den wohlhabenderen Teil der Bürgerschaft zurück, und das ließ der armen Bevölkerung diesbezüglich keinen Grund für einen Widerstand oder auch nur Widerwillen gegen die athenische Hegemonie. Man könnte das im Zusammenhang mit anderen Faktoren sehen, die ihre Haltung gegenüber der Herrschaft günstig beeinflußt haben mögen.

Aber es gibt immer ein ›wenn‹, sobald es um positive Angaben geht, und dieser besondere Mangel an Information stört die meisten Bemühungen um eine Bilanz antiker Kriegsführung, Eroberung und Herrschaft. Wir wissen zum Beispiel, daß sich Rom als Gemeinschaft und viele einzelne Römer in der Zeit zwischen, sagen wir, 367 und 30 v. Chr. durch die fortdauernden Kriege ungeheuer bereichert haben; wir haben eine gewisse, wenn auch keine allzu genaue Vorstellung von der Größe einzelner Vermögen von Römern in der frühen Kaiserzeit; wir kennen die Zahl der Legionäre, die unter Sold standen, und können sogar einigermaßen abschätzen, was ihre Ernährung und der Transport während einer Kampagne gekostet haben. Aber wir können nicht sagen, wieviel eine Kampagne insgesamt oder ein ganzer Krieg gekostet hat, noch nicht einmal in groben Geldvorstellungen (und ganz abgesehen von der weiteren Schwierigkeit, Lebenshaltungskosten oder Verwundungen oder den Verlust an bäuerlicher Arbeitskraft in Geldbeträge umzusetzen). Eine quantitative Analyse im eigentlichen Sinne ist daher völlig ausgeschlossen (und für Griechenland ist die Aussicht da noch geringer als für Rom). Eine Darstellung jedoch, die sich auf ein nicht quantitativ orientiertes Modell stützt, bleibt ein mögliches und lohnendes Unterfangen.

Ich kann hier nicht mehr bieten, als daß ich die veränderlichen Faktoren aufzähle und auf einige der analytischen Probleme hinweise, aber zuallererst muß ich auf eine wichtige grundsätzliche Schwierigkeit hinweisen. Kein speziellerer Themenbereich erfährt in der Alten Geschichte soviel Beachtung, über keinen wird soviel geschrieben, wie die Ereignisse, die einem Krieg vorangehen und zu ihm führen – die diplomatische Tätigkeit, die Schritte, die zum Kriegsbeschluß führen, die öffentliche Meinung und Psychologie. Und doch ist es weder bösartig noch verkehrt zu behaupten, daß es kein Thema gibt, zu dem eine Ansicht zu äußern wir in begrifflicher und theoretischer Hinsicht weniger gerüstet sind. Es gibt zum Beispiel keine belegbare Grundlage für eine Behauptung wie die folgende (die aus einer unendlichen Zahl solcher Beispiele beliebig herausgegriffen ist):

»Es gab in Athen noch beachtliche Ressentiments gegen die Perser, und bald nach der Veröffentlichung von Isokrates' Schrift *Über den Frieden* führte ein Aufruhr im Volk zugunsten eines Krieges mit Persien zu einer Debatte, in der Demosthenes sich in seiner Rede *Über die Symmorien* erfolgreich für Zurückhaltung aussprach. Keine verantwortliche öffentliche Persönlichkeit konnte diese antipersische Hysterie irgendwie ermutigen.«[29]

All das stützt sich allein auf einige rhetorische Bemerkungen bei Demosthenes selbst, und man fragt besser nicht nach mehr Einzelheiten oder weiteren Feinheiten, etwa: wieviel antipersische Ressentiments gab es wirklich, und wo in der Bürgerschaft waren sie zu finden? Wer hatte die betreffenden Anträge in die Volksversammlung eingebracht, die Demosthenes zu Fall bringen konnte (und zwar er allein, wie er später behauptet (15,6) obwohl dies seine erste politische Rede war)? Gab es wirklich keine ›unverantwortlichen‹ Persönlichkeiten, die in der Lage und willens waren, die athenische Volksversammlung damals auf die andere Seite zu ziehen?

Es ist ein ernüchternder Gedanke, daß nicht nur diese Fragen nicht zu beantworten sind, sondern auch alle vergleichbaren Fragen im gesamten Bereich der Alten Geschichte. Wir haben genau drei Sammlungen von politischen Reden über das Thema Krieg und Frieden, die des Demosthenes, die des Isokrates (die eher Pamphlete als Reden waren) und die des Cicero (dessen Gegenstand im allgemeinen mehr der Bürgerkrieg war als Konflikte mit der Außenwelt). Doch nach fast zwei Jahrhunderten Forschung gibt es noch immer keine Übereinstimmung über diese Advokaten und ihre Ziele.[30] Und wie könnte es sie geben, wenn die Kategorien, denen die Historiker sich zu nähern versuchen, Verantwortung, Ehrenhaftigkeit, Aufrichtigkeit, Unparteilichkeit heißen. Es scheint zweifelhaft, ob solche persönlichen Qualitäten als historische Faktoren von Bedeutung sind, und es ist sicher, daß sie in Einzelfällen unbestimmbar bleiben, sei es im Falle des Perikles oder des Demosthenes, des älteren Cato oder irgendeines der Scipionen. Im übrigen besteht die Überlieferung aus subjektiven Erklärungen der Handelnden selbst, ohne daß wir hinreichende unabhängige Zeugnisse als Gegengewicht besäßen. Der Althistoriker darf keinen Augenblick lang vergessen, daß in diesem Bereich seine Zeugnisse von Außenstehenden nur sehr rar sind und selten unmittelbar oder verläßlich. Was Cawkwell über Demosthenes schrieb, legt die in allen Fällen notwendige Vorsicht nahe: »Das historische Urteil muß sich nicht unbedingt dem anschließen, was er über sich selbst und seine Gegner äußert.«[31]

Kurz gesagt, sogar auf der Ebene der Aufstellung von Modellen und bei wesentlich vereinfachenden Voraussetzungen können die Kriege der Antike erst konkret erfaßt und untersucht werden, nachdem sie bereits begonnen haben. Und auch dann nehmen Schlachtbeschreibungen den größten Raum in der vorhandenen, zweifelhaften Überlieferung ein; wenig weiß man über Fragen des Nachschubs und der Logistik, der Wirtschaft in Kriegszeiten ganz allgemein oder über die Kampfmoral, sofern nicht eine Krise eintrat. War jedoch ein Krieg einmal abgeschlossen, und insbesondere, wenn er mit einem klaren Sieg für die eine oder andere Seite geendet hatte, dann sind es die Folgen, die für eine Analyse der von mir vorgeschlagenen Art hilfreich sind. Natürlich will ich damit nicht sagen, daß die Folgen notwendigerweise im nachhinein die Ursachen oder den Verlauf eines Krieges erhellen müssen; aber ich stelle mit Genugtuung fest, daß wir uns im Hinblick auf Kriegsfolgen in einer günstigeren Position finden bei dem Bemühen, den Stellenwert des Krieges allgemein und bestimmter einzelner Kriege in der Gesellschaft der Antike zu erfassen.

Der erste Punkt wäre da der Gewinn im engeren Sinne, also Beute (von der die Gefangenen meistens den größten Wert darstellten), dann Kriegsentschädigungen und konfisziertes Land. Einige dieser Gewinne wurden unmittelbar erzielt, wenn zum Beispiel eine Stadt geplündert wurde, aber andere, die manchmal sehr viel höher lagen, erlangte man erst später, je nach der Größe des Sieges, der Stärke und sozialen Struktur des Siegers und seinen längerfristigen Zielen. Doch muß noch eine weitere Unterscheidung, und zwar in Hinblick auf die Verteilung des Gewinns gemacht werden, ob er nämlich einzelnen Soldaten zugute kam, den Feldherren oder dem Staat als solchem. Solche unterschiedlichen Verfahrensweisen standen in engem Zusammenhang mit der Dauer eines Feldzuges und mit der Entfernung des Kriegsschauplatzes von der Heimat: je länger die Zeit wurde und je größer die Entfernung, desto dringender war der Bedarf nach Einnahmen sowohl von seiten des Staates wie von seiten der Truppe. Die zweijährige Belagerung von Poteideia kostete den athenischen Staat 2000 Talente (Thuk.2,70,2), aber das war zu der Zeit, als der Tribut des Reichs fortlaufend dazu herhielt, große Barreserven anzulegen, was eine seltene Praxis unter antiken Staaten war.[32] Auch dann aber bedeutete die Aussicht auf lange Abwesenheit von Haus und Hof ein dringendes finanzielles Problem, dessen Lösung, von außerordentlichen Kriegssteuern abgesehen, entweder Gewinn aus Feindvermögen oder Abgaben Unterworfener oder beides waren. In seiner erklärenden Feststellung, warum am Ende in der entscheidenden Volksversammlung alle für die Sizilische Expedition stimmten (6,24), sagt Thukydides auch folgendes: »[...] die versammelte Menge und der Soldat schließlich meinten, daß sie vorderhand Geld bekommen würden und die Macht vergrößern würden, aus der auf ewig Sold käme.«[33]

Das sind starke Worte, indes sie entsprechen, wie ich meine, dem, was ich für die normale Haltung der Soldaten halte, egal ob Bürger oder Söldner, nämlich das Von-der-Hand-in-den-Mund-Leben, sobald der Kriegsdienst sie für längere Zeit auf größere Entfernung fortführte.[34] Noch nicht einmal das gewaltige Maß an Vorbereitungen von seiten Athens für die Sizilische Expedition reichte unter solchen Bedingungen aus, wie die Ereignisse auf der Insel in den zwei nachfolgenden Jahren zeigten. Im Falle eines Falles war stets die Nagelprobe, ob Mittel von seiten Unterworfener oder aus Beute (oder aus beiden Quellen) verfügbar waren und ob man Nachschub durch Ausplünderung des Landes beschaffen konnte; im großen und ganzen war die Organisation des Nachschubs notwendigerweise höchst unzureichend.[35]

Mit der Zeit führten finanzielle Erwägungen zu einer grundlegenden Veränderung in der Beschaffenheit griechischer und römischer Heere, und ein Modell muß diesen Umstand einbeziehen. Das Bürgerheer der spätarchaischen und frühklassischen Zeit wurde nicht abgeschafft und ersetzt, denn die militärische Verpflichtung der Bürger, der Kriegsdienst, blieb bestehen, doch wurde es in der Praxis zu einem guten Teil von Berufssoldaten abgelöst, ob das nun bei den Griechen mehr oder minder freiwillige Söldner waren oder mehr oder minder zwangsverpflichtete *proletarii* in der Römischen Republik. Die grundsätzliche Entscheidung für einen Kampf oder dagegen, die Einstellung der Truppe, ihr Verhalten, all das veränderte sich, ob wir das nun heute noch verfolgen können oder nicht. Entsprechend veränderte sich das Verhalten der Offiziere, was in ihrem Anteil an der Beute seinen Ausdruck fand. Ungleiche Verteilung von Beute zwischen Offizieren und Mannschaften, wie bei der aus dem frühen 2. Jahrhundert v. Chr. stammenden Regelung über die Verteilung von Geldern unter die Soldaten bei Gelegenheit eines Triumphes – Centurionen erhielten doppelt soviel wie ein gewöhnlicher Legionär, Angehörige der Reiterei wiederum die Häfte davon[36] –, ist eine einfache Widerspiegelung sozialer Abstufung im militärischen Bereich. Daraus ergaben sich keine weitreichenden Konsequenzen. Worum es mir geht, ist mehr die Entwicklung, die sich in unterschiedlicher Form mehrmals im Verlauf der Alten Geschichte wiederholte, derzufolge militärische Befehlshaber die Kontrolle über beträchtliche finanzielle Reserven gewannen und sie für ihre persönlichen politischen Ziele einsetzten, für die Eroberung der Macht oder deren Ausdehnung und Stabilisierung. Die Tyrannen in Sizilien in der Zeit vom 6. Jahrhundert v. Chr. bis zum Ende der Selbständigkeit der Insel im 3. Jahrhundert v. Chr. sind vielleicht in dieser Hinsicht die kontinuierlichste Erscheinung; die ungeheuren Vermögen und die beispiellose Macht, die sich die wichtigsten römischen Befehlshaber im letzten Jahrhundert der Republik erwarben – Sulla, Pompeius, Caesar, Octavian – sind die dramatischsten Beispiele.[37]

Daß der Sieg zu ernsthaften inneren Störungen in wirtschaftlicher, sozialer und politischer Hinsicht führen konnte, ist natürlich ein Gemeinplatz: man denkt sofort an die inneren Auseinandersetzungen auf Korkyra und die oligarchischen Umstürze in Athen aus der Zeit des Peloponnesischen Kriegs, und an den wichtigsten aller Fälle, nämlich die Ablösung der Römischen Republik durch das Prinzipat. Die Frage, die wir uns nunmehr vorlegen müssen, ist die, ob man durch die Benutzung nichtquantitativer Modelle das Auftauchen oder Fehlen solcher Störungen erklären kann. Ich glaube, man kann das, aber nur dann, wenn man in diese Modelle den Faktor der dauerhaften Eroberung und Herrschaft einbringt. In der Antike brachte Eroberung regelmäßig die Inbesitznahme des Landes zum Zwecke der eigenen Nutzung mit sich und die Auferlegung steuerlicher und militärischer Lasten für die neuen Untertanen. Das war in Italien ein lange andauernder Prozeß, und der kumulative Effekt des römischen Systems, konfisziertes Land, den *ager publicus*, in großem Ausmaß zu besetzen und zu nutzen, war die Proletarisierung einer großen Zahl von Bauern und die Ansiedlung von sehr vielen Veteranen und sonstigen ärmeren Bürgern in zu großer Entfernung von der Stadt Rom, als daß es ihnen ohne weiteres (oder häufig überhaupt) möglich war, ihr Bürgerrecht zu nutzen. Die Herrschaft Athens im 5. Jahrhundert v. Chr. hingegen, obwohl sie ebenso den Erwerb ausgedehnten Landbesitzes für die wohlhabenderen Bürger brachte, ließ doch gleichzeitig auch einen größeren Teil der ärmsten Bürger, insgesamt vielleicht zehntausend, durch das sogenannte Kleruchensystem in eine höhere Vermögensklasse aufsteigen.[38]

Hier also liegen die Wurzeln zweier verschiedener Modelle antiker Herrschaft: das eine ist eine maritime Herrschaft mit beschränkten

Möglichkeiten für eine territoriale Ausdehnung, die sich auf die Flotte stützt und daher gezwungen ist, dem gemeinen Volk, dem *demos*, eine beherrschende Rolle bei den politischen Entscheidungen zuzugestehen; das andere ist eine auf das Land ausgerichtete Herrschaft, die in ihrer Fähigkeit und ihrem Drang zu Expansion fast unersättlich ist, in der indes die herrschende Oligarchie die hauptsächlichen materiellen Vorteile der Eroberung für sich beansprucht und die ungebrochene politische Kontrolle behält. Beide Modelle, einmal sorgfältig ausgearbeitet, würden auch ein wesentliches dynamisches Element enthalten. Sonst würden sie kläglich versagen, denn sie könnten nicht erklären, wie und warum die athenische Herrschaft über das Ziel hinausschoß und die Herrschaftsausübung durch Rom eine derartige Veränderung im Gleichgewicht des internen Kräftespiels herbeiführte, daß die Republik zerstört wurde.

Ich möchte von neuem daran erinnern, daß bei der Konstruktion von Modellen eine einseitige Konzentration oder eine Isolierung bestimmter Faktoren unter relativer oder absoluter Vernachlässigung anderer stattfindet. Auf diese Weise erreicht man, was Droysen (wie ich schon zitierte) gefordert hat: als Historiker »muß [man] zuerst wissen, was man suchen will, erst dann kann man finden; man muß die Dinge richtig fragen, dann antworten sie«.[39] Indem ich von den Gewinnen aus Kriegführung und von ihrer Verteilung ausgehe, hoffe ich uns vor jenem völligen Ratespiel zu bewahren, das in traditionellen Darstellungen von Kriegen in der Antike das Feld beherrscht, vor jenen angeblichen Einsichten in die Psyche und das Denken der Hauptakteure, in ihr Wissen, ihre tägliche Einschätzung der Lage: vor jenen Einsichten in die öffentliche Meinung, in den Kenntnisstand und das Denken der Bevölkerung in ihrer Gesamtheit. Hinter diesen Ansätzen steht ein Glaube an die antiken Quellen, den ich nicht teile, ein unverrückbarer Glaube an ihre Genauigkeit, ihre Aufrichtigkeit und Zuverlässigkeit, ihre Urteilsfähigkeit und unparteiische Haltung.

Ich will das kurz an dem Beispiel eines solchen Ansatzes illustrieren, nämlich an Eduard Meyers bemerkenswerten Kapitel von 38 Seiten über den »Ausbruch des Peloponnesischen Kriegs« in seinem langen Essay über Thukydides, von dem schon die Rede war.[40] Grob zusammengefaßt sucht er dort zunächst nachzuweisen, die vorherrschende Meinung in Athen sei gewesen, daß Perikles durch die Vorlage des Megarischen Psephismas den Krieg bewußt herbeigeführt habe – eine Ansicht, die in erstaunlichem Ausmaß allein auf Passagen der *Acharner* (besonders die Verse ab 515) und im *Frieden* (beginnend mit Vers 605) des Aristophanes beruht und auf dem darauf aufbauenden Verständnis der Worte, die Thukydides dem Perikles in den Mund legt;[41] weiter argumentiert Meyer, daß das Werk des Thukydides eine kraftvolle Polemik gegen diese Sicht der Dinge sei, aber eine indirekte, denn die Taktik des Geschichtsschreibers sei es gewesen, die Bedeutung der Beschlüsse eher herunterzuspielen als offen einer verbreiteten Auffassung zu widersprechen; Thukydides habe recht gehabt mit seinem Urteil über die geringe Bedeutung der Beschlüsse als Ursachen des Krieges, aber er habe nicht recht gehabt, als er ihren Einfluß auf die öffentliche Meinung unterschätzte; wenn Thukydides der Ansicht von der wachsenden Furcht der Spartaner vor athenischer Macht als der »wahrsten Ursache« des Krieges den Vorzug gebe (1,25), dann beruhe das auf einer falschen Einschätzung der Stärke Athens; in Wahrheit sei es, so Meyer, Korinth gewesen, das zum Krieg getrieben habe; Perikles habe den Krieg von sich aus nicht gesucht, aber war bereit, ihn zu führen, wenn er sich als Konsequenz seiner Politik ergeben sollte, die er trotz des Risikos eines Krieges nicht aufzugeben bereit gewesen wäre; Perikles habe gesehen, was die Masse der athenischen Bürger nicht habe sehen können; das Verhalten des Perikles sei, so schließt Meyer, »das allein der Machtstellung Athens würdige und den Verhältnissen angemessene, ja tatsächlich das staatsmännisch allein mögliche gewesen« (S. 326).

Das ist eine sorgfältig aufgebaute ineinandergreifende Argumentationskette, die auf erstklassiger Kenntnis der antiken Überlieferung aufbaute. Dennoch ist meine Reaktion völliger Skeptizismus. Meyer schrieb ganz genauso, als ob er die Beziehungen deutscher und europäischer Staaten in der zweiten Hälfte des 19. Jahrhunderts untersuchte. Die Parallele zwischen Perikles und Bismarck wird an einer Stelle (302) ausdrücklich gezogen, und das ist noch nicht alles: es wird auch gesagt, obwohl Athen eine »Kaufmanns- und Krämernation« gewesen sei, hätte es mit den anderen griechischen Staaten doch nichtsdestoweniger ebenso zusammenleben können wie England und das übrige Europa in Meyers eigenen Tagen, im Jahre 1899 (312). Meyer schrieb darüber hinaus in vollem Vertrauen auf die Fähigkeit und Zuverlässigkeit einer kleinen Zahl antiker Gewährsmänner, auf deren Äußerungen er seine Vision vom Denken des Perikles gründete und von dessen unantastbaren persönlichen Qualitäten, seiner Gerechtigkeit, Aufrichtigkeit und so weiter er überzeugt war; auf diese Weise machte er sich auch ein Bild von der öffentlichen Meinung in Athen, davon was die Masse der athenischen Bürger »wirklich« dachte, glaubte, verstand. Ich besitze nicht die Fähigkeit, mit soviel Zuversicht in den Gedanken der Menschen der Antike zu lesen und ihren Charakter zu begreifen. Meiner Ansicht nach geht die Wahrscheinlichkeit, daß eine Darstellung wie die Meyers irgend etwas damit zu tun hat, ›wie es eigentlich gewesen‹, gegen Null. Es ist bezeichnend, daß sich keine zwei Geschichtsforscher, die die Ursachen des Peloponnesischen Krieges (oder jedes anderen Krieges) untersuchen, je in dieser Hinsicht einig werden können, aber Thukydides und Aristophanes zitieren, das können sie alle gleich gut.

Zumindest würde mein Alternativansatz vermeiden, Bismarck oder England, die Krämernation, in das Griechenland des 5. Jahrhunderts v. Chr. herüberzubringen. Das wäre ein Fortschritt, aber kein großer, und er reicht auch nicht aus. Wenn die Modelle, auf die ich aufmerksam gemacht habe, sich als nützlich erweisen sollten, wenn sie einmal ganz ausgearbeitet und der vorhandenen Überlieferung gegenübergestellt, an ihr geprüft worden sind, dann glaube ich, wird die sich daraus ergebende Darstellung des Peloponnesischen Kriegs und seiner Auswirkungen – das war das Beispiel, mit dem ich enden will – eine größere Ähnlichkeit mit der Realität haben als die bisherigen traditionellen Schilderungen. Und mehr als das kann man von einem Althistoriker nicht verlangen.

VI. Max Weber und
der griechische Stadtstaat[1]

In einem scharfsinnigen und ziemlich pessimistischen Essay zum hundertsten Geburtstag Max Webers kam Alfred Heuss zu folgendem Schluß: »In summa darf man wohl sagen, daß die Fachwissenschaften des Altertums so ihren Weg gingen, als wenn Max Weber nicht gelebt hätte.« Und das verhalte sich so, obwohl doch Webers *Agrarverhältnisse des Altertums* in der Fassung von 1909 »die originellste, kühnste und eindringlichste Schilderung ist, die die Wirtschafts- und Gesellschaftsentwicklung des Altertums jemals erfahren hat.«[2]

In beiden Fällen stimme ich mit diesem Urteil überein, und beides ist noch heute allzu wahr, unbeschadet mancher positiver Entwicklungen der letzten zwei Jahrzehnte. Heuss hatte hinzufügend bemerkt, daß seine negative Sicht nicht widerlegt werde durch die ständige in Literatur und Forschung auftauchende Wiederholung mancher Weberscher Begriffe, die normalerweise weder Verständnis offenbart noch irgendetwas bewirkt. Auch das könnte man mit Beispielen aus der neueren Diskussion ausführlich belegen. Doch ist der Umstand, daß dieses Nachbeten in der Spezialliteratur immer häufiger vorkommt, eines der Anzeichen für eine Änderung, denn hier zeigt sich, daß eine gewisse Öffnung der althistorischen Forschung gegenüber mehr theoretisch und eher soziologisch orientierten Ansätzen stattgefunden hat. Das ist offenbar besonders deutlich in Ländern, in denen der Einfluß des Marxismus (oder zumindest das Interesse für den Marxismus) besonders stark war. Charakteristisch für die marxistische Diskussion in ihrer ernsthaftesten Form ist das folgende Zitat aus dem einleitenden Absatz des langen Artikels von Narducci über ›Max Weber fra antichità e mondo moderno‹:

»Ich meinerseits ziehe weiterhin den Marx der proletarischen Revolution dem ›Marx der Bourgeoisie‹ vor; aber es wäre sinnlos, leugnen zu wollen, daß eine positive Erneuerung des Marxismus eine Auseinandersetzung mit einem seiner glänzendsten und scharfsinnigsten Kritiker künftig nicht wird umgehen können.«[3]

Ich glaube behaupten zu können, daß meine eigenen Arbeiten mehr als alle anderen in den letzten Jahrzehnten die Diskussion über Weber unter den Althistorikern angeregt haben, und zwar zunächst mein Buch über *Die antike Wirtschaft* und dann mein noch offenkundiger an Weber orientierter Aufsatz über die Konsumentenstadt.[4] Manche Stellungnahmen waren ablehnend, aber einige haben sich doch ernsthaft damit auseinandergesetzt, und das ist neu. Hasebroeks in ausdrücklicher Anlehnung an Weber verfaßten und vor dem Zweiten Weltkrieg veröffentlichten beiden Werke hatten keine fortgesetzte Diskussion entfachen können: die Bücher wurden gelegentlich mit schwachem Lob bedacht, aber sonst im Zusammenhang mit dem alten Streit zwischen den sogenannten *oikos*-Theoretikern (Rodbertus und Bücher) und den von Eduard Meyer und Beloch angeführten ›Modernisten‹ allzu leichtfertig abgetan.[5] Selbst die wenigen Geschichtsforscher, die dem Beitrag Hasebroeks Anerkennung zollten, entwickelten seine Ansätze in ihren eigenen Arbeiten nicht weiter.[6] Heute indes gibt es ernsthafte Bemühungen, sich mit Webers Bild der griechisch-römischen Welt und ihrer Entwicklung zu beschäftigen, auch wenn das nur das Interesse einer Minderheit unter den Forschern bleibt.

Letzteres möchte ich mit einem kurzen Zitat belegen. Starr z. B. schreibt, nachdem er die Bücher-Meyer Kontroverse in einem einzigen Absatz zusammengefaßt hatte: »Diese Debatte ist völlig sinnlos, aber gefährlich.«[7] Ebenso hat mein Versuch, die Diskussion über die Vorstellung von der antiken Konsumentenstadt (die Bücher, Sombart und Weber entwickelt hatten) von neuem zu entfachen, einige wütende Proteste hervorgerufen. Leider kann nur wenig von dieser Kritik in sinnvoller Weise beantwortet werden, denn das meiste besteht aus strikter Ablehnung jeglicher Art von Modellen (häufig von Mißverständnissen begleitet) und einem Eintreten für traditionell-positivistisches Aufzählen getrennter Einzelbeispiele.[8]

Doch soll nicht in Abrede gestellt werden, daß Idealtypen im allgemeinen und ihre Definition durch Weber im besonderen große analytische Probleme mit sich bringen. Mein Interesse gilt hier letzterem, und es ist notwendig, gleich zu Anfang zu betonen, daß Weber selbst keine »völlig eindeutige« Definition des Idealtypus gebracht hat und »bestimmte inhaltliche Verschiebungen zwischen den früheren und den späteren Schriften feststellbar sind, ohne daß Weber diese jemals systematisch erörtert hätte«.[9] In diesem Zusammenhang ergeben sich grundlegende philosophische Probleme,[10] aber ich will mich im folgenden auf Betrachtungen darüber beschränken, in welcher Weise Weber Idealtypen in seiner Erörterung des griechischen Stadtstaats und seiner Politik verwendet. Aus meiner freiwilligen Selbstbeschränkung ergibt sich, wie ich ausdrücklich feststellen will, vor allem in den zwei letzten Teilen dieses Kapitels ein negativeres Bild, als es der Fall gewesen wäre, wenn ich den gesamten Beitrag Webers zur klassischen Antike zu bewerten hätte. Seine Analyse der antiken Wirtschaft und der Sozialstruktur ist, wie ich bereits in Übereinstimmung mit Heuss angedeutet habe, von beispielloser Qualität. Auf dem Gebiet der griechischen Geschichte und Politik aber hat er verblüffenderweise nicht mehr zu bieten als kurze Hinweise oder mangelhafte Erklärungen. Selbst da, wo seine Einsichten begründet waren, wie bei der Kritik an der traditionellen Sicht der Stammesorganisation in der *polis* (mit der ich beginnen will), hat er sie nicht in zufriedenstellender Weise entwickelt. Warum das so war, ist nicht klar; zwar will ich einen Vorschlag machen, in welcher Richtung eine Erklärung dafür liegen könnte, aber mein Hauptanliegen ist es, einfach eine Bestandsaufnahme der Situation zu geben. Mein Thema ist trotz allem die Methode althistorischer Forschung und nicht Max Weber.

›Stammesorganisation‹ und Stadtstaat

Kein Dogma im Bereich der griechischen Geschichte (oder auch in der römischen oder ›indoeuropäischen‹ Geschichte) hat sich als so hartnäckig erwiesen wie dasjenige, es habe eine lineare Entwicklung von einer frühen ›Stammesorganisation‹ der Gesellschaft auf der Grundlage von Sippen *(kinship-groups)* zu einer politischen, territorialen Organisation gegeben. Die Formulierungen und Konzepte sind sehr unterschiedlich, aber in der einen oder anderen Form wird diese Ansicht von allen Richtungen der althistorischen Forschung mindestens der letzten eineinhalb Jahrhunderte vertreten, von den Marxisten, die unter dem unmittelbaren Eindruck von Engels *Ursprung der Familie* standen, bis zu jenen wenig an ›Theorie‹ interessierten Autoren wie Georg Busolt und zu den mehr ›soziologisch‹ ausgerichteten Ansätzen, die Fustel de Coulange und Gustave Glotz repräsentieren.[11] Hier und dort sind leise Zweifel geäußert worden, indes blieben sie ohne nachhaltigen Einfluß. Max Weber war nicht der erste, aber doch derjenige, der am deutlichsten darauf hinwies, daß Phylen, Phratrien usw. zwar in den Stadtstaaten regelmäßig vorkamen, aber in jenen locker verbundenen griechischen Gemeinschaften, die man als *ethne* bezeichnet, unbekannt waren, obgleich diese doch im allgemeinen als ›stammesmäßig‹ organisiert galten.[12] Daraus ergibt sich eine verwirrende Konsequenz: man müßte die unwahrscheinliche Tatsache akzeptieren, daß die Entwicklung von der Grundlage der Sippenorganisation zu einer territorialen Organisation führt, daß aber in jenen Fällen, wo dieser Schritt nicht vollzogen wird, die vorangehenden sippenmäßig aufgebauten Gliederungen irgendwie verschwinden.

An einer solchen Konzeption muß irgend etwas grundsätzlich falsch sein; dennoch hat kaum jemand dem Aufmerksamkeit geschenkt, obwohl es nicht möglich war, Webers grundlegender Beobachtung zu widersprechen. Man kann dazu die ausweglose Situation anführen, in die Ehrenberg sich mit ein paar Zeilen manövriert hat, indem er versuchte, diese Beobachtung mit der traditionellen Entwicklungstheorie zu kombinieren; oder daß Hasebroek, der erklärteste Anhänger Webers unter den Althistorikern, die Tatsache einfach ignoriert hat und sich der traditionellen Sicht angeschlossen hat.[13] Weber selbst hingegen war weniger entschieden als gewöhnlich: er kam mehrmals auf das Problem zurück, doch immer nur kurz und manchmal zögernd, so als ob er nicht in der Lage wäre, die geeigneten Kategorien zur Einordnung der griechischen Sippenorganisation zu finden, sobald die Entwicklungstheorie einmal widerlegt war.

Nur gelegentlich erhob sich im Zusammenhang mit speziellen

Fragen (und nicht notwendigerweise unter direkter Bezugnahme auf Weber) eine Stimme des Zweifels; wie etwa bei Càssola in Hinblick auf die ionischen Phylen oder bei Andrewes in bezug auf die vereinzelte und anachronistische Erwähnung von Phratrien als Untergliederungen der militärischen Organisationen bei Homer.[14] Aber erst 1976 wurde eine grundlegende Untersuchung veröffentlicht, die sich mit den drei angeblich sippenmäßig aufgebauten Gliederungen – *genos*, Phyle und Phratrie – in griechischen *poleis* beschäftigte und die Beobachtung Webers zweifelsfrei bestätigte und ausbaute.[15] Die Bedeutung der Arbeit von Roussel wurde von Gauthier in der *Revue Historique* gefeiert.[16] Darüber hinaus hat sie aber aus mir unbegreiflichen Gründen keine andere ernstzunehmende Rezension gefunden (zumindest nicht, was die Eintragungen im *Année Philologique* bis 1982 betrifft). Auf lange Sicht allerdings ist das bedeutungslos, denn Roussels Ablehnung der linearen Entwicklungstheorie (insbesondere in bezug auf die Entwicklung von sippenmäßiger zu territorialer Organisation) ist nach meinem Dafürhalten ohnehin unwiderlegbar.

Weder Roussel noch sonst irgendjemand wäre töricht genug, die Bedeutung des Sippenverbandes in der griechischen Welt negieren zu wollen, sei es nun in *ethnos*-Staaten oder in *poleis*. Doch das ist nicht die Frage, oder besser gesagt, so stellt sie sich gar nicht. *Genos*, Phyle und Phratrie waren in Wahrheit keine Sippenverbände, während die engere und gegebenenfalls die erweiterte Familie einen Faktor darstellten, der überall in der griechischen Welt und über den ganzen Zeitraum der Alten Geschichte hinweg im täglichen Leben, in der Verwaltung und der Weitergabe von Besitz und in der Politik lebendig blieb. Der Platz, den die Familie einnahm, stand im wesentlichen in keiner Beziehung und war sicher unabhängig von *genos*, Phyle und Phratrie: dies ist eine entscheidende Feststellung, die man sich bei jeder Erörterung dieser Fragen ins Gedächtnis zurückrufen sollte.

Es ist auch von größter Wichtigkeit sich zu erinnern, daß wir, vielleicht von den Homerischen Epen abgesehen, keine Quellen über die Art und Weise besitzen, wie Gesellschaften der griechischen Welt vor der Herausbildung des Staates organisiert waren. Das gewohnte Verfahren, ausgehend von veralteten anthropologischen Forschungsergebnissen über vorstaatliche Gesellschaften in

Afrika, Asien oder Nord- und Südamerika Rückschlüsse auf Griechenland zu ziehen, ist gerade deshalb zum Scheitern verurteilt, weil diese Gesellschaften eben keine staatliche Organisation entwickeln sollten; und das ist der Schritt, der den griechischen Historiker zu interessieren hat. Wenn in der griechischen *polis* die Zugehörigkeit zur Bürgerschaft normalerweise durch Weitergabe innerhalb des Familienverbandes erworben wurde, folgt daraus nicht, daß das der einzige Weg der Ergänzung einer politischen Gemeinschaft in der Antike war. Die Römer nahmen schließlich freigelassene Sklaven in die Bürgschaft auf, und das in großem Umfang und mit steigender Tendenz in der späten Republik und in den ersten zwei Jahrhunderten der Kaiserzeit. Für die Nachkommen dieser Freigelassenen ihrerseits war dann das Bürgerrecht erblich, doch änderte das nichts an der Eigenart des ursprünglichen Verfahrens der Eingliederung.

Aus dem griechischen Befund folgt auch nicht, daß fiktive Sippenverbände die einzige Antwort auf die Schwierigkeiten waren, die die Organisation oder die Sicherung des Fortbestandes einer territorialen Gesellschaft mit sich brachten. »Wie außerordentlich leicht«, schreibt indes Weber, »speziell politisches Gemeinschaftshandeln die Vorstellung der ›Blutsgemeinschaft‹ erzeugt, [...] zeigt der ganze Verlauf der Geschichte.« Das beste griechische Beispiel ist vielleicht die Neuordnung des attischen Staats und seiner Organe durch Kleisthenes. Auch wenn sie »ganz rational und schematisch konstruiert wurde«, schreibt Weber, »wirkte sie ganz im gleichen Sinne ethnisch. Dies bedeutet also nicht, daß die hellenische Polis real oder der Entstehung nach in der Regel ein Stammes- oder Geschlechterstaat war, sondern es ist ein Symptom für den im ganzen geringen Grad der Rationalisierung des hellenischen Gemeinschaftslebens überhaupt.«[17]

Natürlich haben weder Kleisthenes noch irgendein anderer klar denkender Athener je gemeint, seine neuen künstlich geschaffenen Phylen seien Sippenverbände; dennoch hat man ihnen das Aussehen von Sippenverbänden gegeben. Hier zeigt sich ein großes Forschungsproblem der griechischen Geschichte. Erkenntnisse über den *Ursprung* fiktiver Sippenverbände innerhalb der *polis* und über die wichtige Rolle, die die engere oder erweiterte Familie innerhalb der Gemeinschaft spielte, liegen vermutlich außerhalb unserer Reichweite, es sei denn in einer abstrakten und spekulativen Untersuchung.[18] Doch bieten die Homerischen Epen reichhaltiges und vielseitiges Material, das von Grund auf neu betrachtet werden müßte, sobald wir uns einmal von dem einfachen linearen Entwicklungsschema freigemacht haben, das bis jetzt vorherrschend war.

Wie stark unsere Bindung an Entwicklungstheorien noch ist, zeigen in hinreichendem Maße die Standardwerke zum griechischen Familienrecht mit ihrem tief verwurzelten Glauben an eine einheitliche Vorstellung aller Griechen von der Familie und vom Familienrecht, obwohl (aus meiner Sicht) die dagegensprechenden Belege überwältigend sind.[19] Eine neuere Untersuchung über *Sippenbindung in Athen* trifft in den ersten neun Zeilen folgende Feststellungen:

»Sippenmäßige Bindungen [...] bestimmten die meisten der wesentlichen Rechte, Pflichten und Gefühle des Einzelnen [...]. Die Gruppen gemeinsamer Abstammung, der Stamm, die Phratrie, der Familienverband und das *oikos* waren rechtlich-politisch verankerte Einheiten, von denen Bürgerrecht, Religion und Landbesitz abhing. In jeder Gruppe ging man davon aus, daß ihre Angehörigen von einem gemeinsamen Vorfahren abstammten, ob nun tatsächlich genealogische Bindungen bis zu ihm zurückverfolgt werden konnten oder nicht.«[20]

Jede dieser Behauptungen ist im ganzen oder teilweise falsch. Niemand glaubte wirklich an eine gemeinsame Abstammung; diese Gruppierungen bestimmten weder Gefühle, Besitz oder sonst irgendetwas, wofür sie verantwortlich gemacht werden; der Staat, der als solcher vieles bestimmte und regelte, verschwindet fast ganz aus dem Blickfeld.

Griechische Demagogen und die Herrschaft

Wie fügt sich der griechische Stadtstaat in den Weberschen Begriff von Herrschaft ein? Er selbst hat diese Frage nie gründlich erörtert; sie war ihm kein echtes Anliegen, als er die *Agrarverhältnisse* schrieb. Am Ende ordnete er die griechische *polis* recht überraschend unter die ›charismatische Herrschaft‹ ein, und das erfordert genauere Betrachtung. Die Frage nach der ›legitimen Herrschaft‹

beschäftigte Weber in seinen letzten Jahren. Da er mehrmals darauf zurückkam, ergeben sich für uns einige Schwierigkeiten. Die Formulierungen variieren von einer zur anderen Fassung, und die relative Chronologie der einzelnen Fassungen ist nicht immer klar.[21] Nichtsdestoweniger bleiben einige Punkte in bezug auf die griechische *polis* im wesentlichen unverändert.

Die *polis* war offensichtlich weder eine traditionale noch eine rationale (d. h. bürokratische) Form der Herrschaft. Durch Elimination bleibt also praktisch allein der charismatische Typ übrig, indes muß gesagt werden, daß die Argumente für eine solche Einordnung äußerst schwach und wenig aussagekräftig sind. Eine Schlüsselrolle spielt der Demagoge (Führer) und es handelt sich um einen »Übergangstypus«, eine »plebiszitäre Demokratie«, d. h. »eine Art der charismatischen Herrschaft, die sich unter der *Form* einer vom Willen der Beherrschten abgeleiteten und nur durch ihn fortbestehenden Legitimität verbirgt«.[22] In einem postum veröffentlichten Aufsatz findet sich eine weitere und viel eindringlichere Beschreibung des charismatischen Prinzips:

»Der charismatische Politiker – ›Demagoge‹ – ist ein Produkt des okzidentalen Stadtstaats. Im Stadtstaat Jerusalem trat er nur im religiösen Gewande, als Prophet auf; die Verfassung von Athen dagegen war seit den Neuerungen des Perikles und Ephialtes völlig auf seine Existenz zugeschnitten, ohne welche die Staatsmaschine keinen Augenblick funktionieren würde. [...] Der manische Wutanfall des nordischen ›Berserkers‹, die Mirakel und Offenbarungen irgendeiner Winkelprophetie, die demagogischen Gaben des Kleon sind der Soziologie genausogut ›Charisma‹ wie die Qualitäten eines Napoleon, Jesus, Perikles. Denn für uns entscheidend ist nur ob sie als Charisma galten und wirkten, d. h. Anerkennung fanden.«[23]

Dies ist vermutlich ein später Text, und ich habe keine Ahnung, warum Weber nicht genau diese Formulierung in die Fassung von *Wirtschaft und Gesellschaft* aufgenommen hat, die er begonnen hatte, zur Veröffentlichung vorzubereiten. Doch gibt es dort keinen Hinweis, daß er irgendetwas von dem, was ich zitiert habe, widerrufen wollte. Ernste Fragen und Schwierigkeiten ergeben sich. Es ist nicht notwendig, hier ausführlich die hinreichend bekannten Punkte zu wiederholen, daß Webers Idealtypen niemals allein Feststellungen zur Realität sein sollten und daß in seinen letzten Jahren, also genau zu der Zeit, als er sich so intensiv mit den ›legitimen Formen der Herrschaft‹ auseinandersetzte, seine Darstellung von Idealtypen und seine Analyse überhaupt äußerst formal und ›unhistorisch‹ geworden war (was an einem Wechsel seiner Ausdrucksweise deutlich wird). Aber man hat dennoch das Recht sich zu fragen, ob Webers Einschätzung der *polis* als eines politischen Organismus sich so weit von der Realität entfernt, daß sie unannehmbar erscheint. Ich glaube aus verschiedenen Gründen, daß dem so ist:

1. Alles, was wir über die griechische Geschichte wissen, deutet darauf hin, daß Athen als *polis* außerordentlich war (bis es im 3. Jahrhundert v. Chr. seine Unabhängigkeit verlor), und daß jeder Versuch, das athenische Beispiel zu verallgemeinern, wohlbegründet sein muß, was bei Weber nicht der Fall ist. Vermutlich würde er nicht behaupten, daß Demagogen und plebiszitäre Führerschaft in Sparta und auch nicht in den oligarchischen Gemeinwesen irgendeine Rolle gespielt haben; aber er scheint die zahlreichen Demokratien des 5. und 4. Jahrhunderts v. Chr. in sein Modell einzubeziehen, von denen viele so klein waren, daß ich Schwierigkeiten habe mir vorzustellen, wie dieses Modell dort funktioniert haben soll. Ich sage ›vermutlich‹ und ›erscheint‹, weil das in keinem Text ausdrücklich gesagt wird. Man kann nur Schlüsse in dieser Richtung ziehen aus dem, was auf wenigen Seiten in dem langen Kapitel über die ›Typologie der Städte‹ gesagt wird, wo Sparta mit Rom verglichen wird und dann Athen und im Anschluß die anderen demokratischen *poleis* behandelt werden. Aber das ist eine sehr schwache Grundlage für ein Urteil, zumal nicht sicher ist, ob Weber selbst die ›Typologie der Städte‹ mit den Betrachtungen über die Herrschaft verbunden haben wollte, und der Begriff des Charismas kommt dort auch nicht vor.[24]

Eine weitere Schwierigkeit verursacht die Frage der griechischen Tyrannis als einer Form der Herrschaft, die im archaischen Griechenland und bei den Westgriechen zu allen Zeiten verbreitet war und im 4. Jahrhundert v. Chr. wieder verstärkt auftrat. Für Weber war die Tyrannis offenbar kein Problem: sein Beharren auf einer wertfreien Konzeption von Legitimität und Herrschaft bedeutete, daß auch die Tyrannis in die drei Typen der legitimen Herrschaft eingeordnet werden konnte (ja sogar eingeordnet werden mußte).[20]

Außerdem hat Weber, wie Wolfgang Mommsen bemerkt hat, niemals »die mögliche Existenz von Typen ›illegitimer Herrschaft‹« in Betracht gezogen.

»In der Tat kann man nicht der Schlußfolgerung entgehen, daß im Zusammenhang von Webers soziologischer Theorie der ›legitimen Herrschaft‹ kein Platz war für illegitime Formen der Herrschaft [...]. Ein politisches System, das nicht im Sinne einer der drei Typen legitim ist, muß nach der Weberschen Auffassung umgehend zusammenbrechen, und umgekehrt muß jede stabile Herrschaft, wie immer sie beschaffen sei, auf die eine oder andere Weise legitim sein.«[26]

2. Selbst wenn man sich auf Athen beschränkt, so war der Typ des Demagogen im Weberschen Sinne auch dort durchaus nicht allgegenwärtig. Es gab ihn nicht in der Zeit, die zwischen Solon und Kleisthenes liegt, vor dem Sieg des Perikles taucht er nur gelegentlich auf, und im Zeitraum zwischen dem Tod des Kleon und dem endgültigen Erlöschen athenischer Unabhängigkeit und der Demokratie eineinhalb Jahrhunderte später ist er gleichfalls nicht leicht auszumachen. Diese Schwierigkeit des Weberschen Bildes tritt am deutlichsten zutage, wenn wir uns fragen, wer die Demagogen des 4. Jahrhunderts v. Chr. waren. Die einzige Persönlichkeit, der man vielleicht Charisma zusprechen könnte, ist Demosthenes, und seine politische Laufbahn war so unstet, so voller Mißerfolge und nur gelegentlich erfolgreich, daß er weit davon entfernt ist, den Weberschen Test zu bestehen. Abgesehen von ihm gab es niemanden, den man mit gutem Grund im Hinblick auf Charisma in Erwägung ziehen könnte.

3. Vor Jahren habe ich geäußert (und, wie ich meine, erwiesen), daß die Position des athenischen Demagogen schwierig war, voller Spannungen und praktisch ohne Atempausen.[27] Perikles hat seine Führungsstellung erst mit der Ostrakisierung des Thukydides, Sohn des Melesias, in den frühen 440er Jahren v. Chr. erreicht, und 430/29 v. Chr. wurde er als Stratege abgesetzt und mit einer hohen Geldstrafe belegt. Zur Karriere Kleons, so wenig wir auch darüber wissen, gehörte eine Niederlage in der Debatte über Mytilene im Jahre 427 v. Chr. sowie eine alles andere als makellose militärische Laufbahn, wenn man von seinem spektakulären Erfolg bei Pylos absieht. Und was könnte unsteter verlaufen sein als die Erfolgsbilanz des Alkibiades? Der ständige Kampf, den es erforderte, eine

Führungsposition zu behaupten, verträgt sich zwar mit Webers Theorie, aber ich glaube, Weber hat die Möglichkeit, daß ein charismatischer Führer seine Stellung verlieren und später zurückgewinnen konnte (sogar mehr als einmal) gar nicht berücksichtigt. Wenn das geschah, scheint es mir das Fehlen echten Charismas vorauszusetzen, welches wie Weber selbst betont, eine gefühlsmäßige Bindung war, die sich auf Qualitäten gründete, die nichts mit dem Erfolg oder Mißerfolg des Programms oder der Politik eines Führers zu tun hatten.

4. Wolfgang Mommsen hat geschrieben, daß »Weber ganz unverblümt geäußert hat, daß die Menschen im allgemeinen unfähig seien, anstehende politische Fragen angemessen zu beurteilen«. Er fährt fort: der

»Konkurrenzkampf der verschiedenen politischen Führer um die Gunst des Volkes [...] verweist eindeutig auf das liberale Wettbewerbsmodell, das Weber von der Wirtschaft in den Bereich der parlamentarischen Massendemokratie übertrug. Damit verbindet sich das Postulat, daß als Sieger aus diesem Konkurrenzkampf letztlich nicht nur der formal gesehen am besten qualifizierte Führer hervorgeht, sondern daß auch sein politisches Programm das beste ist.«[28]

Ich bin nicht in der Lage, die beiden Feststellungen miteinander in Einklang zu bringen. Wie können Menschen, die nicht in der Lage sind, Fragen angemessen zu beurteilen, dennoch beim Konkurrenzkampf um die Führerschaft als Sieger den wählen, dessen politisches Programm sich dann als das beste herausstellt? Ich kann dafür auch keinen Beleg in Webers Text finden.

Vor einem Vierteljahrhundert hat Wilhelm Hennis Webers Typen der Herrschaft aufs schärfste angegriffen und gemeint, daß »sie nichts mit der wirklichen Qualität der Herrschaft zu tun haben, sie beziehen sich nur auf die Reflexe, die ›Motive der Fügsamkeit‹ in den Köpfen der Beherrschten. [...] Sie (die Herrschaft) ist eine sinnlose Sache geworden, die in den Dienst jedes beliebigen Zwecks gestellt werden kann.«[29] Ich kann meinerseits keine andere plausible Interpretation dieses speziellen Teils in Webers Werk finden, und ebensowenig eine Alternative zu der weiteren Feststellung von Hennis, Weber verkörpere einen Bruch mit der langgehegten Tradition der politischen Theorie, den Staat oder ein Regime nach objektiven Normen zu beurteilen, nämlich nach dem

Ausmaß, in welchem er das ›gute Leben‹ (in der Terminologie der griechischen Philosophen der Antike) voranbrachte oder nicht.

Aus all dem ergeben sich gewaltige Probleme in Hinblick auf Webers Begriff der Herrschaft. Die aktuelle Diskussion, die insbesondere von Wolfgang Mommsen angeregt wurde, ist zwar nicht neu, findet aber auf einer neuen Ebene statt. Im Jahre 1926 hatte Otto Hintze die drei Typen der legitimen Herrschaft als eine »glänzende Entdeckung« gefeiert, die die historischen Studien verändern würde, während Otto Brunner die ganze Theorie als bedeutungslos für die historische Forschung ablehnte.[30] Politische Erwägungen spielten keine größere Rolle, bis im Jahre 1959 Mommsen ›*Max Weber und die deutsche Politik*‹ veröffentlichte. Die Reaktion darauf war wütende Ablehnung vor allem von seiten derer, die Mommsen seitdem die ›Weber-Orthodoxen‹ nennt.[31] Auch wenn es noch heute einige Autoren gibt, die »ihre Augen vor den ernsten Problemen verschließen, zu denen eine in wesentlichem Ausmaß auf dem Begriff des Charisma basierende Demokratievorstellung führt«,[32] können da, von Schattierungen abgesehen, wohl doch keine echten Meinungsverschiedenheiten mehr bestehen, zumindest was Webers Beitrag zu dem angeht, was man im allgemeinen die elitäre Theorie der Demokratie genannt hat. Seine intellektuelle Verwandtschaft mit Pareto, Michels und Mosca und sein Einfluß auf Schumpeter, auf die alle Mommsen hinweist, lassen jeden Zweifel daran als unbegründet erscheinen.

Die elitäre Theorie, wenn man sie in einem Satz zusammenfassen will, besagt, daß die Apathie und mangelnde Teilnahme der Massen nicht nur für das heutige politische Verhalten in Demokratien charakteristisch sind, sondern, was noch wichtiger ist, absolut notwendig erforderlich sind für das gesunde Funktionieren einer Demokratie.[33] Ich habe an anderer Stelle die Meinung vertreten, daß diese Sicht weder faktisch noch als Norm auf die attische Demokratie zutreffen kann,[34] und um diese begrenzte Frage soll es mir im folgenden im Hinblick auf die drei Typen der legitimen Herrschaft gehen.

Ich will nicht im geringsten die Bedeutung der Weberschen Entdeckung von der Rolle des Charismas in der Politik in Frage stellen oder die Richtigkeit seiner Behauptung, daß seine drei ›Typen‹

normalerweise nur in Kombination miteinander vorkamen, obwohl ich nicht so sehr davon überzeugt bin, daß Charisma »der hauptsächliche Faktor ist, der die drei Typen der Herrschaft untereinander verbindet«.[35] Ich kann auch die Furcht vor einer allumfassenden Bürokratie verstehen, die hinter Webers zuletzt geäußerten Eintreten für eine »plebiszitäre Führerdemokratie« stand, obwohl ich nicht bereit bin, das Sicherheitsnetz zu akzeptieren, das er aufgespannt hat, indem er die plebiszitäre Demokratie eine »antiautoritäre Umdeutung« des charismatischen Legitimitätsprinzips nannte, weil der Herr die *formale* Anerkennung der Beherrschten empfing. Doch Weber selbst schwächte die Bedeutung der formalen Anerkennung wieder ab, wenn er gleich im Anschluß von einer »durch ›Bewährung‹ bedingten Anerkennung« sprach und später feststellte: »Der Führer (Demagoge) herrscht tatsächlich kraft der Anhänglichkeit und des Vertrauens zu seiner *Person* als solcher.«[36]

Im Hinblick auf den griechischen Stadtstaat ist die entscheidende Frage faktisch die, ob der Konkurrenzkampf unter ›Demagogen‹ um die Führerschaft nur im ›emotionalen‹ Bereich geführt wurde oder, was Weber nicht glaubte und mehrmals ausdrücklich verneinte, auch im Bereich politischer Programme und deren Realisierung. Wiederum muß ich auf mein Buch über *Das politische Leben in der antiken Welt* verweisen, wo ich mich ausführlich für die zweite Lösung ausgesprochen habe (ohne mich direkt mit Weber auseinanderzusetzen). Griechische Autoren, die über Politik schrieben, meinten alle, daß ›Demagogen‹ ihre Stellung durch konkrete Versprechungen erwarben und bewahrten, so unterschiedlicher Ansichten sie auch sonst in der einen oder anderen Hinsicht waren und so sehr sie auch in der Mehrheit Demagogen und deren Versprechungen mißbilligten. Die Quellen, wie ich sie verstehe, stützen diese Sicht der Dinge voll und ganz. Ob die Versprechungen tatsächlich erfüllt wurden, ist eine andere Frage; was zählt ist, daß die Menschen Ergebnisse erwarten und damit, manchmal über lange Zeiträume hinweg, zufrieden waren. Sonst war es mit der Führungsstellung vorbei. Man kann das, wenn man will, als Verlust des Charismas bezeichnen, aber nach meinen nüchternen Vorstellungen von Politik liegt die Erklärung vielmehr im Bereich der Programme und des politischen Handelns, und nicht in dem eher mystischen Konzept des ›Glaubens‹, das Weber unter Vernachlässigung anderer Aspekte herausstellt.

Wenn ich in bezug auf das antike Griechenland recht habe, folgt daraus, daß Webers drei Formen der legitimen Herrschaft noch in einer anderen Hinsicht als universelles Schema versagen. Der griechische Stadtstaat, die *polis,* war sicherlich eine ziemlich eigenartige und relativ kurzlebige Institution. Und es mag sein, daß insbesondere die Form der direkten Demokratie, die sie in Athen annahm, nur möglich war angesichts der damaligen begrenzten Größenordnungen. Nichtsdestoweniger kann eine Theorie, die die *polis* (und, wie mir scheint, auch das republikanische Rom) ausklammert, keinen Anspruch auf universelle Gültigkeit erheben.

Das Problem des griechischen Rechts

In seiner klassischen Theorie über die spezifisch okzidentale Qualität der Rationalität im wirtschaftlichen und politischen Leben schloß Weber das Recht mit einer kurzen, fast selbstverständlichen Bemerkung ein:

»Für eine rationale Rechtslehre fehlten anderwärts trotz aller Ansätze in Indien (Mimamsa-Schule), trotz umfangreicher Kodifikationen besonders in Vorderasien und trotz aller indischen und sonstigen Rechtsbücher, die streng juristischen Schemata und Denkformen des römischen und des daran geschulten okzidentalen Rechts.« Der moderne industrielle Kapitalismus bedürfe »des berechenbaren Rechts und der Verwaltung nach formalen Regeln«.[37] Diese letzte, einleuchtende Feststellung wird in unterschiedlichen Formen an mehreren Stellen des gesamten Weberschen Werks wiederholt, z. B. folgendermaßen: die »steigenden Ansprüche an Erfahrung und Fachkenntnis der Rechtspraktiker, und damit der Anstoß zur Rationalisierung des Rechts im allgemeinen, gehen aber fast immer aus von steigender Bedeutung des Güterverkehrs«.[38]

Doch die Soziologie des Rechts, oder zumindest die Geschichte des Rechts vom soziologischen Standpunkt aus gesehen, ist bei näherer Betrachtung ein durchaus nicht einfaches Gebiet, und ich bin nicht überzeugt, daß Weber größere Schwierigkeiten, die er selbst sah, zufriedenstellend gelöst hat. Ich will mich auf den Fall des antiken Griechenlands beschränken. Das griechische Recht ist bekanntermaßen ein Stiefkind der modernen Forschung.[39] Weber stellte in der verbreiteten Vernachlässigung des Themas keine Ausnahme dar. Er hatte die attischen Redner, Platon und Aristoteles natürlich gelesen, aber er hatte weder eigene Untersuchungen zum griechischen Recht angestellt, noch das beste verfügbare Werk zum Thema gelesen.[40] Daher enthält der lange Abschnitt zur Rechtssoziologie in *Wirtschaft und Gesellschaft* nur gelegentliche Bemerkungen zum griechischen Recht und nimmt bei mehreren wichtigen Fragen keinen Bezug darauf. So fehlen Hinweise auf das Pfandrecht oder auf die *epikleroi* oder auf die Einführung spezieller Gerichtshöfe für Handelssachen in Athen, was angesichts des Gewichts, das er dem Einfluß des Handels bei der späteren Entwicklung des Rationalismus im Recht beimaß, am erstaunlichsten ist. Der Kontrast zu seiner detaillierten Kenntnis der Geschichte des jüdischen Rechts von der hellenistischen Zeit bis in die Epoche der *gaonim* ist auffällig.

Nichts von dem hätte besondere Aufmerksamkeit verdient, wenn nicht Webers Bild vom griechischen Stadtstaat als einer politischen Struktur damit in engem Zusammenhang stehen würde. Im Rahmen seiner Erörterung über die Herrschaft gab Weber, anders als in dem Abschnitt über die Rechtssoziologie, ein scharfes, fast apodiktisches Urteil über das Recht des griechischen Stadtstaats ab. Unter der Demokratie der perikleischen und nachperikleischen Zeit »wurden Prozesse nicht, wie der römische [...] nach formalem Recht entschieden. Sondern [...] nach ›materialer‹ Gerechtigkeit, in Wahrheit: nach Tränen, Schmeicheleien, demagogischen Invektiven und Witzen«. Eine Analogie in Rom finde sich nur in den Reden Ciceros in politischen Prozessen. »Die Unmöglichkeit der Entwicklung eines *formalen* Rechts und einer *formalen* Rechtswissenschaft römischer Art war die Folge.«[41] Stattdessen findet man »die absolut willkürliche Kadijustiz der Volksgerichte«, und sie »gefährdete die formale Rechtssicherheit so stark, daß eher die Fortexistenz von Vermögen wundernimmt als die sehr starken Peripetien bei jedem politischen Mißerfolg«.[42]

Ohne Frage spielte Webers persönliche Grundeinstellung bei diesem negativen Urteil eine Rolle. Nirgendwo war er stärker in der deutschen Tradition verwurzelt als in seiner Überzeugung, daß nur aus dem römischen Recht abgeleitete Verfahren des Zivilprozesses ein rationales Rechtssystem schufen.[43] Es gibt erstaunliche Urteile Webers über den angelsächsischen Geschworenenprozeß, die nicht allzu weit von den Angriffen auf die athenischen Volksgerichtshöfe entfernt sind;[44] darunter findet sich auch der Gedanke, der Schlüssel zu allem liege in der zunftmäßigen Organisation des englischen Juristenstandes (was natürlich die fortgesetzte starke Position des Geschworenenverfahrens in den Vereinigten Staaten nicht erklären kann), und des weiteren die Ansicht, daß England, »das kapitalistisch zuerst höchstentwickelte Land«, mit seinem von einem rationalen System weit entfernten Prozeßverfahren »eine weitgehende Justizverweigerung gegenüber den ökonomisch Schwachen« erreicht habe.[45] Doch wir wollen diese persönlich geprägten Äußerungen Webers beiseitelassen und stattdessen untersuchen, ob sein Urteil über das attische Prozeßverfahren korrekt war und wie es zu seiner Definition des Stadtstaates als einem grundsätzlich charismatisch bestimmten System der Herrschaft paßte.

Daß die Griechen keinen Stand berufsmäßiger Juristen geschaffen und keine juristische Fachliteratur hervorgebracht haben, ist eine unbezweifelbare Tatsache.[46] (Die bedeutenden philosophischen Schriften über Gerechtigkeit sind etwas ganz anderes.) Weber hat eher beiläufig gemeint, dies sei eine Folge der Kadijustiz, die das attische Prozeßverfahren bestimme,[47] aber diese Erklärung bereitet Schwierigkeiten. Nicht alle griechischen Stadtstaaten hatten ein Prozeßverfahren, das dem attischen glich, aber auch dort zeigten sich keine Ansätze eines entstehenden Juristenstandes oder juristischer Fachliteratur. Und auch das Römische Recht in der Zeit der Republik zeigt nach Webers eigener Darstellung noch keinen »rational systematischen Charakter«; das sei das Werk der spätrömischen und frühbyzantinischen Bürokratie unter der Herrschaft absoluter Monarchen, die ohne Frage charismatische Qualitäten besaßen.[48] Warum diese spätantiken Kaiser und ihre Bürokratien diese Rolle gespielt haben sollen, ist nicht erkennbar, und ebensowenig wird eine Erklärung gegeben für das hohe Maß der Rationalisierung des Rechts im angelsächsischen Bereich trotz des Anteils an ›Kadijustiz‹ im Geschworenensystem und Webers allgemein negativer Beurteilung des ganzen Vorgehens.

»Kadi«-Justiz ist unschwer erkennbar als eine typische Wortschöpfung Webers. Er hatte den Ausdruck von einem Juristen, Richard Schmidt, übernommen und den religiösen Aspekt betont, der ihm in seiner »reinen« Form innewohnte,[49] unter späterem Hinweis auf König Salomo als einem sprichwörtlichen, nicht historischen Beispiel (dem Hammurabi, wie ich heute behaupten würde, in nichts nachstand[50]). Bald aber dehnte Weber den Begriff auf Institutionen aus, die nichts mit dem Qâdî oder ähnlichen Figuren zu tun hatten. Das Kriterium war, ob es formale, »rationale ›Urteilsgründe‹« gab oder ob die Entscheidung aufgrund allgemeiner Erwägungen getroffen wurde, wozu auch Gerechtigkeitsvorstellungen gehörten, die über das formale Recht hinausgingen.

Ich habe damit meine Zweifel an dem allgemeinen Wert des erweiterten Begriffs der Kadijustiz bei Weber angedeutet und muß nun auch noch meine besonderen Bedenken dagegen anmelden, dieses Konzept auf die athenischen Volksgerichte anzuwenden. Weber stützt sich (ohne sie zu zitieren) auf einige Gerichtsreden (aber ich möchte betonen, daß keineswegs alle überlieferten Reden sein scharfes Urteil rechtfertigen) und auf die bekannte antidemokratische Überlieferung, angefangen mit den *Wespen* des Aristophanes. Das sind keine unumstößlichen Belege: welches Rechtssystem kann man auf der Grundlage der Plädoyers einiger Prozeßparteien beurteilen, für die wir noch nicht einmal die Argumente der Gegenseite kennen oder den Urteilsspruch als einen selbst unvollkommenen Hinweis darauf, welche Sicht der Dinge die Geschworenen überzeugt hatte?[51] Es gibt weitere Anzeichen, die zu Vorsicht raten. Die Stabilität Athens in politischer Hinsicht und als Handelsmacht über zwei Jahrhunderte ist einfach nicht zu bestreiten, was immer auch ein Komödiendichter sagen mag. Es bereitet Schwierigkeiten, dies mit dem Bild eines unverantwortlichen, irrationalen Justizwesens in Einklang zu bringen. Und außerdem gab es eine weitgehende Übereinstimmung unter den zeitgenössischen Autoren, daß das Kennzeichen einer wahren *polis* die Herrschaft der Gesetze war, nicht die Herrschaft einzelner Männer.[52]

Wolff und seine Schüler haben zur Stützung dieser letzten Feststellung gezeigt, daß hinter der konventionellen Rhetorik der Gerichtsreden stets die Forderung stand, daß die Geschworenen den

Gesetzen Gültigkeit verschaffen sollten (eher als ein Ersuchen um Gerechtigkeit über die Gesetze hinaus).[53] Sollte das richtig sein, so wäre das ein starker Einwand gegen Weber (der in keiner dieser gelehrten Erörterungen erwähnt wird). Unglücklicherweise liegen die Dinge nicht so einfach. Es ist offenbar weitgehend übersehen worden, daß die Formulierung der Gesetze in Hinblick auf klare Definitionen regelmäßig versagte. Das ist kürzlich für die athenische Gesetzgebung über Diebstahl gezeigt worden, und vor langer Zeit habe ich belegen können, daß das auch in einem nicht zum Strafrecht gehörenden Bereich, dem des Hypothekenrechts zutraf.[54]

Es ist eine Überlegung wert, ob dieses ›Versagen‹, für das die meisten modernen Juristen diesen Befund ansehen würden, sich automatisch aus dem Fehlen eines Berufsstandes der Juristen und dem Fehlen einer juristischen Fachliteratur ergab, oder ob es das Bestreben reflektierte, eine zu starke Formalisierung des Rechts zu verhindern, »einen Widerstand gegen die Verstaatlichung *(étatisation)* des Rechtswesens«. Gernet hat das in seiner Erörterung des öffentlichen Schiedsverfahrens in Athen so formuliert, und gerade diese Einrichtung stützt meine Ansicht von einer gewollten ›Offenheit‹ des Rechts.[55] Rechtshistoriker haben vielleicht dem Umstand keine hinreichende Aufmerksamkeit geschenkt, daß den meisten Zivilprozessen in Athen (und in anderen griechischen Stadtstaaten, obwohl unsere Informationen da zu spärlich sind) ein mehr oder minder obligatorischer Versuch eines öffentlichen oder privaten Schiedsverfahrens voranging.[56] Erst wenn das scheiterte, wurde die Streitfrage an ein Gericht verwiesen, und es liegt in der Natur des Schiedsverfahrens, daß es nicht einfach ›Recht erzwingen‹ kann. Aristoteles hat das zutreffend und klar formuliert (*Rhetorik* 1374b20–22): »Denn der Schiedsrichter behält die Billigkeit im Auge, der Richter aber das Gesetz, und deswegen ist der Schiedsrichter ernannt worden, damit die Billigkeit die Oberhand gewinnt.«[57]

Die *polis* war ein *koinon*, eine Gemeinschaft im wahrsten Sinne des Wortes. Vor diesem Hintergrund ist das beharrliche Fortbestehen der alten Einrichtung des Schiedsverfahrens zu sehen, lange nachdem ein geregeltes Gerichtswesen geschaffen worden war. Ich möchte von neuem Gernet zitieren:

»Der Schiedsspruch unterscheidet sich von der Rechtsprechung im engeren Sinne auf dieselbe Weise wie ein Friedensvertrag von der Anwendung einer unpersönlichen Norm, die in Hinblick auf die Parteien transzendentalen Charakters ist. Aus der Sicht der einen ist der Schiedsspruch eine Verletzung des ›Rechts‹ [...] Wenn man sich mit Verwandten oder Nachbarn auseinanderzusetzen hat, erfordert die ›natürliche‹ Gemeinschaft, die man mit ihnen bildet, ein mehr oder minder dauerhaftes Gleichgewicht, das zu bestimmen nicht einer unpersönlichen Macht obliegt.«[58]

Das Schiedsverfahren wird in Webers kurzem Verweis auf das attische Prozeßverfahren noch nicht einmal erwähnt. An und für sich ist das kein so wichtiger Punkt. Doch ist es eine von zu vielen Einzelheiten, die den Schluß nahelegen, daß sein Schema der legitimen Herrschaft der griechischen *polis* nicht gerecht werden kann. Vor allem die zentrale Bedeutung, die er dem Charisma zudenkt, scheint nicht angemessen. Daß ›Kadi-Justiz‹, d. h. die Rechtsprechung durch einen Qâdî wie Hammurabi oder Salomo in den Bereich der charismatischen Herrschaft gehören, vermag ich einzusehen, aber nicht, wie athenische Demagogen oder das attische Prozeßverfahren dorthingehören sollen. Eingehendere Untersuchungen sind notwendig, und es mag sein, daß die Quellen uns am Ende keine endgültige Formulierung eines Ergebnisses erlauben werden. Aber nach unserem heutigen Kenntnisstand weist Webers Schema gravierende Mängel auf. Die griechische *polis* im allgemeinen und Athen im besonderen als irrational zu verwerfen bringt unser Verständnis nicht voran.

Epilog

Dieses kurze Buch handelt von den grundsätzlichen methodischen Problemen in der althistorischen Forschung, und es ist – indem es sich auf eine geringe Zahl von Themen und Vorschlägen beschränkt – seine erklärte Absicht, polemisch zu sein.

1. Das Studium der Alten Geschichte (wozu ich auch die Archäologie zähle) ist nicht im prägnanten Sinne eine Wissenschaft zu nennen. Das entläßt den Historiker allerdings nicht aus der Verpflichtung zu Aufrichtigkeit in seiner Schilderung, zu logischer Konsequenz in seiner Analyse usw., doch sind das alles sekundäre Aspekte einer wissenschaftlichen Methode, die das Wesentliche nicht berühren.

2. Die Quellen des Historikers (seien es Dokumente, literarische Texte oder Objekte) bringen keine Fragen hervor. Wenn aber ein literarischer Text doch Fragen stellt, sind das Fragen eines individuellen Autors, die nicht identisch sind mit denen, die jemand stellt, der eine historische Darstellung schreibt, d. h. eine späteren Zeiten angemessene Analyse. Der Historiker selbst also muß die richtigen Fragen stellen (wie Droysen sagt, den ich zwei- oder dreimal in diesem Sinne zitiert habe) und den richtigen konzeptuellen Rahmen liefern. Er muß das ganz bewußt und systematisch tun und muß den lächerlichen Gedanken aufgeben, es sei Pflicht des Historikers, sich im Hintergrund zu halten und »die Dinge für sich selbst sprechen zu lassen« (wie Ranke sagte).

3. Die lange Tradition, daß in griechischer oder lateinischer Sprache geschriebene Quellen von den für alle sonstige Überlieferung geltenden Regeln der Beurteilung und Kritik ausgenommen werden, wird zwar im allgemeinen nicht ausdrücklich erwähnt und anerkannt, findet aber in der Interpretation ihren Niederschlag. Diese Tradition ist indes ungerechtfertigt und stellt ein wesentliches Hindernis für jede korrekte historische Analyse dar. Ein Beispiel dafür ist die naive Leichtgläubigkeit gegenüber der mündlichen Überlieferung der Griechen und Römer, wie sie niemand zeigt, der sich mit mündlicher Überlieferung anderer Gesellschaften beschäftigt; sobald andere Quellen zur Verfügung stehen, hält sie keiner Überprüfung stand. Mangelhaftes Quellenmaterial kann nicht durch ständiges darüber Nachdenken ›gerettet‹ werden, und das gilt selbst für die Quellen, die in den klassischen Sprachen der Antike geschrieben sind.

4. Die erste Frage, die man sich in Hinsicht auf jede schriftliche Quelle stellen muß ist die, warum sie geschrieben wurde, warum sie veröffentlicht wurde.

All das läuft der vorherrschenden Tradition auf dem Gebiet der Erforschung der Alten Geschichte zuwider. Sehr wenige Althistoriker stellen Betrachtungen über ihre eigene Tätigkeit an: man muß ihre ureigensten Voraussetzungen aus den konkreten Darstellungen herauslesen, da sie nicht gewillt sind, methodische Fragen zu erörtern. Es ist, wie ich glaube, zutreffend, wenn man feststellt, daß die vorherrschende Forschungstradition von der Annahme ausgeht, daß der Text ›heilig‹ sei, daß er und er allein der Ausgangspunkt für jede Darstellung oder Analyse sei und sein müsse. Deshalb bedeutet es einen so gewaltigen Schritt über den Text hinaus, wenn man fragt, warum ein bestimmter Text oder, besser gesagt, eine bestimmte Gattung von Texten geschrieben und veröffentlicht wurden, oder wenn man Fragen stellt, die die Texte selbst nicht stellen und von sich aus auch nicht beantworten können. Wenn wir die meiner Meinung nach richtige Behauptung akzeptieren, daß alles, was eine bestimmte Gesellschaft fragt oder nicht fragt, aufzeichnet oder nicht aufzeichnet, als solches wichtige Einsichten in die Natur dieser Gesellschaft eröffnet, dann muß man meine Frage danach, warum etwas geschrieben, warum es veröffentlicht wird, stellen und beantworten.

Auf dem 8. Internationalen Epigraphikerkongreß in Athen im Jahre 1982 hat D. M. Lewis erwähnt, daß er für die Zeit bis 321 v. Chr. 52 Fälle aus Athen kenne, in denen eine Inschrift, die einen Beschluß der Volksversammlung aufzeichnete, einen oder mehrere Anträge zur Änderung der ursprünglichen Vorlage enthielt; hingegen kenne er nur neun entsprechende Beispiele aus der gesamten übrigen griechischen Welt, und diese stammten bezeichnenderweise von Orten, die unter starkem athenischen Einfluß standen« (S. 61 der Kongreßakten, die 1984 publiziert worden sind). Das ist eine äußerst wichtige Information und sie bietet Anlaß zu sorgfältigen Überlegungen darüber, was das für die Geschichte und das Funktionieren der antiken Demokratie in Griechenland bedeutet. Oder, um ein anderes Beispiel zu nennen: was ist der Grund dafür, daß ›Ehrendekrete‹ für Nichtbürger in Athen ein Jahrhundert früher eingeführt wurden als für Bürger (auf sie wurde die Praxis nach dem frühesten bekannten Beispiel erst 346/5 v. Chr. ausgedehnt; vgl. I. Calabi-Lamentani, ›Modalità della communicazione ufficiale in Atene. I decreti onorari‹, *Quaderni Urbinati di Cultura Classica n. s.* 16, 1984, 94). Diese Fragen mögen naheliegend erscheinen, aber sie sind nicht gestellt worden, weil die traditionellen Ansätze die wesentlichen Aussagen nicht in das Zentrum des Bewußtseins gerückt haben. Lewis berichtet in seinem Vortrag von 1982, der sich mit der Verbreitung demokratischer Einrichtungen beschäftigt (›Democratic Institutions and their Diffusion‹): »Das einzige mir bekannte größere Werk, in dessen Mittelpunkt das Thema der Verbreitung athenischer Institutionen steht, ist Busolts *Griechische Volksbeschlüsse* von 1890« (S. 55). Dieses Jahrhundert ohne Fortschritt in der Forschung mag als Hinweis ausreichen, um zu zeigen, wieviel Arbeit an den Quellen noch vor uns liegt, denn die Versäumnisse lagen offensichtlich nicht an einem mangelnden Interesse an der Verbreitung athenischer Institutionen begründet, sondern in der Einschätzung und dem Verständnis der vorhandenen Quellen.

Diese Beispiele sollten auch deutlich machen, daß meine Polemik weder ausschließlich negativ ist, noch, daß ich empfehlen will, die Hoffnung aufzugeben. Ebensowenig bedeuten sie ein Eintreten dafür, daß ein bestimmter Ansatz oder eine bestimmte Methode anderen vorzuziehen sei. Wie ich schon früher mehrmals gefordert habe, muß ein Historiker je nach der Natur der ihm zur Verfügung stehenden Quellen und je nach den von ihm gestellten Fragen unterschiedliche Strategien entwickeln. Nicht einmal der Nachdruck, den ich auf nicht mathematisch aufgebaute Modelle gelegt habe, war als Empfehlung gemeint, ausschließlich einen Ansatz oder eine Art des Vorgehens zu entwickeln. Wie das Beispiel des

Spätwerks Max Webers gezeigt hat, kann die Erstellung von Modellen zu abstrakt, zu schematisch werden. (Daher der negative Tenor meines letzten Kapitels, der den Leser ebenso überraschen mag, wie er mich überrascht hat, nachdem ich das Kapitel fertig geschrieben hatte.)

Es liegt in der Natur eines Buchs wie diesem, daß es sich weitgehend auf Hinweise und Einwände beschränken muß. Das zeigt sich am deutlichsten in dem Kapitel über zwischenstaatliche Beziehungen, die in der Regel auf Krieg, Eroberung und die Bildung eines Reichs hinauslaufen. In negativer Hinsicht findet in jedem Kapitel meine mangelnde Bereitschaft Ausdruck, die traditionellen Darstellungen der Kriege des Altertums zu akzeptieren, die in den abschließenden Urteilen allein auf Mutmaßungen über das Verhalten einzelner Führer und über dessen Gründe und Motive usw. beruhen. Tolstoi hat die Einwände dagegen in *Krieg und Frieden* wiederholt besser formuliert, als das mir oder jedem anderen Historiker gelungen ist. Doch zugleich bietet mein Kapitel doch auch Hinweise für einen alternativen Ansatz mit Hilfe von Modellen – nur Hinweise, denn obwohl ich versucht habe, die wichtigsten veränderlichen Faktoren anzudeuten, die zu einem zufriedenstellenden Modell gehören würden, konnte ich doch meine Anregungen auf so engem Raum nicht zu einer vollständigen Analyse ausbauen. Dafür wäre ein umfassendes Forschungsprogramm vonnöten, das, wie ich mit ziemlicher Sicherheit behaupten möchte, ein Bild von den zwischenstaatlichen Beziehungen in der Antike ergeben würde, wie wir es zur Zeit nicht besitzen, und auch eine positive Wendung herbeiführen würde für die ›Geschichte‹ der wichtigsten Auseinandersetzungen wie der Perserkriege des Peloponnesischen Kriegs, der Punischen Kriege oder der Ausdehnung des Römischen Reichs. Mit einer ›positiven Wendung‹ meine ich, daß eine Darstellung gegeben werden könnte, die dem näher käme, »wie es eigentlich gewesen«. Mehr als das kann niemand mit gutem Grund verlangen: die engen Grenzen dessen, was wir über die Welt der Antike wissen können, können zwar ein wenig, vielleicht sogar beträchtlich ausgedehnt, aber niemals gesprengt werden.

Natürlich ist eine Analyse der *polis* – besonders der griechischen, aber auch der etrusko-italischen und karthagischen – notwendigerweise wichtiger als die Untersuchung zwischenstaatlicher Beziehungen. Daß eine grundsätzlich neue Analyse erforderlich ist, folgt aus meiner Erörterung über Webers Versagen, die *polis* zutreffend einzuordnen. Das mag angesichts des Umfangs der dazu seit dem späten 18. Jahrhundert entstandenen Literatur als ein eigenartiger Vorschlag erscheinen. Aber ich glaube, daß auf zwei Ebenen folgenschwere Fehler der traditionellen Analyse entdeckt werden können. Die eine ist die Ebene der Struktur (im engen Sinne des Wortes) der *polis*. Ich will nur an zwei Aspekte des Problems erinnern, die ich in Kapitel 6 diskutiert habe, nämlich die wechselnde Rolle von Sippenverbänden innerhalb des sozialen und politischen Systems und die Beschaffenheit des Rechtswesens einschließlich der Prozeßverfahren. Letzteres ist für Griechenland relativ wenig erörtert worden und endlos für den Bereich des Römischen Rechts, aber immer nur in rein formaler Hinsicht und nicht in bezug auf seine Stellung und seine Bedeutung innerhalb der erweiterten politischen und sozialen Struktur der in Frage kommenden Gesellschaften. Zwei andere sehr naheliegende Aspekte sind Wirtschaft und Politik, und für beide Bereiche habe ich selbst begonnen, Modelle zu formulieren, in *Die antike Wirtschaft* (engl. Ausg. ²1985; dt. ²1980) und in *Das politische Leben in der antiken Welt* (engl. 1983; dt. 1986).

Die andere Ebene ist die, auf die Weber, wenn auch ziemlich flüchtig, abzielte, und zwar die Stellung der *polis* innerhalb einer allgemeinen Typologie politischer Gebilde. Daß der Stadtstaat eine besondere und vermutlich einzigartige politische Organisationsform war, ist zumindest eine plausible Arbeitshypothese. Nur die spätmittelalterlichen Gemeinden in Italien und Nordeuropa bieten mögliche Parallelen, und es ist eine bekannte Tatsache, daß weder Historiker des Mittelalters und der Renaissance, noch Althistoriker die gebotenen Möglichkeiten ernsthaft verfolgt haben. Wenn Webers Terminologie, wie ich geschlossen habe, für eine Betrachtung der *polis* ungeeignet ist, wenn sie nicht in der Lage ist, die notwendigen Elemente für ein Modell zu liefern – welche alternativen Schemata gibt es dann? Ich kenne keine und bin der Meinung, daß dringender Bedarf daran besteht, nicht nur zum Zwecke vergleichender Studien, sondern auch, damit man die *polis* selbst und ihre Geschichte besser und umfassender verstehen lernt.

Ein drittes wichtiges Thema ist in diesem Buch noch angedeutet worden, nämlich die Frage nach der antiken Stadt als städtischem Zentrum (was nicht mit der Frage nach der *polis* als einer politischen Organisationsform verwechselt werden darf). Über keine antike Stadt, abgesehen von Athen und Rom, kann eine Geschichte im eigentlichen Sinne geschrieben werden. Doch antike Urbanistik ist ein fruchtbares Forschungsgebiet, sofern die Modelle in kompetenter Weise aufgebaut werden, um den vertrauten antiquarischen Charakter mit seinem endlosen Aufzählen von Einzelheiten, das Herunterbeten all dessen, was man weiß zu vermeiden. Die Modelle müßten dynamisch sein, um die Richtung, die Grenzen und die Tempi der Veränderung, die wichtigen Abweichungen von der ursprünglichen Gestalt, von der Epoche, der politischen Machtstruktur usw. sichtbar zu machen. Dies gilt im übrigen auch für die anderen Themen und Bereiche, die ich umrissen habe. Das paradoxe Ziel der abschließenden Analyse ist es, ein komplexeres Bild durch die Verwendung vereinfachender Modelle zu gewinnen.

Nachwort von Andreas Wittenburg[1]

Der vorliegende Band sollte das letzte einer langen Reihe von Büchern sein, die Moses Finley veröffentlicht hat und von denen auch viele in deutscher Sprache erschienen sind. Am 23. Juni 1986 ist er, nur einen Tag nach dem Tod seiner Frau Mary, einem Schlaganfall erlegen. Moses I. Finley wurde im Jahre 1912 in New York geboren. Seine Familie hatte wohl vor der Emigration in Rußland gelebt, unter seinen Vorfahren befanden sich bedeutende Rabbiner und jüdische Gelehrte Osteuropas. Wann Finley in seiner Jugend mit den Traditionen seiner Herkunft gebrochen hat, ist ebensowenig bekannt wie viele andere Einzelheiten seiner privaten Biographie. Er hat nicht viel über sich selbst gesprochen und war ohnehin der Ansicht, daß die wichtigste Stellungnahme eines Historikers seine Arbeit sei. Aus der Verbindung der Bibliographie seiner Werke mit dem Gerüst eines äußeren Lebenslaufs und Finleys gelegentlichen Äußerungen über die Verhältnisse in Amerika und Europa zu bestimmten Zeiten kann man die Umrisse einer intellektuellen Biographie rekonstruieren, die in mancher Hinsicht ungewöhnlich und bemerkenswert ist.

Am Anfang seiner Studien liegt ein Schwerpunkt auf dem Gebiet des Rechts – seinen ›Master of Arts‹ erwarb Finley im Jahre 1929 an der Columbia-University in Öffentlichem Recht. Er hatte besonderes Interesse an den umstrittenen grundsätzlichen Fragen des griechischen Rechts,[2] wie nicht nur seine bekannte Rezension (1951) zu F. Pringsheim. *The Greek Law of Sale* und sein Vortrag über ›Das Problem der Einheit des griechischen Rechts‹ (1966) belegen. Juristische Fragestellungen aus dem Bereich des Römischen Rechts waren ihm offensichtlich ebenfalls geläufig.

Ungewöhnlicher für einen Historiker, der sich immer in erster Linie mit der Antike beschäftigte, erscheint Finleys ausgiebige Kenntnis der Grundsatzdiskussionen innerhalb der modernen Sozialwissenschaften. Die Erklärung hierfür liegt zum Teil im geistigen Klima der 30er Jahre an einem Ort wie der Columbia-University, das durch die Auseinandersetzung mit der politischen und ökonomischen Lage und mit dem Faschismus sowie durch die Emigration bedeutender Gelehrter aus Europa geprägt war. Für das nach New York emigrierte Frankfurter ›Institut für Sozialforschung‹ war Finley zeitweilig unter anderem als Übersetzer tätig, wozu ihn seine mindestens passiv ausgezeichnete (in seiner Jugend aufgrund von Familientradition erworbene?) Kenntnis des Deutschen befähigte. Schon in den 30er Jahren hatten die Arbeiten Karl Polanyis in den Vereinigten Staaten stärkere Aufmerksamkeit gefunden, und als dieser 1946 seine Lehrtätigkeit in New York aufnahm, gehörte auch Finley zu einem von Polanyi angeregten Diskussionskreis an der Columbia-University.[3] Die damals gewonnenen Eindrücke sind allenthalben im Werk Finleys spürbar, doch blieb seine Einstellung stets wachsam und kritisch, und er übernahm nur das was er für seine Sicht der Antike und seine Interpretation ihrer Quellen für wichtig, richtig und nützlich hielt.

Kritische Wachsamkeit war auch die Grundlage bei Finleys Teilnahme an der ideologischen Diskussion damals wie später, auch gegenüber Positionen, bei denen ihm grundsätzliche Übereinstimmungen möglich schienen. Marx und der Marxismus waren ein selbstverständlicher Teil dieser Diskussion, und Finley hat sein besonderes Interesse am Marxismus stets betont. Doch dadurch wurde er nicht unbedingt zum ›Marxisten‹, wie der oberflächliche Beobachter meinen konnte, der seinen Zorn gegen diejenigen sah, die den Marxismus abtaten oder ignorierten. Er entzog sich bewußt jeder Etikettierung, doch als man ihn einmal zu Beginn der 80er Jahre als ›Anti-Anti-Marxisten‹ bezeichnete, hat ihn das amüsiert, obwohl es sicher nicht freundlich gemeint war. Richtig daran ist: Finley war kein Ideologe, aber ein leidenschaftlicher Gegner blinder Ideologie – blind sowohl im Sinne des Fanatismus wie des Uneingestandenen. Diese Haltung hat er mit der Emigration aus dem Amerika des McCarthyismus bezahlt.

Am meisten Beachtung gefunden hat in den letzten Jahren Finleys Auseinandersetzung mit Max Weber und seine Anwendung Weberscher Konzepte auf die Alte Geschichte. Finley hat an hervorragender Stelle dazu beigetragen, den Gedanken Max Webers von neuem Geltung zu verschaffen und ihnen vor allem im Bereich der Altertumswissenschaft, wo Webers Beitrag fast vergessen schien,[4] zum Durchbruch zu verhelfen. Webersche Grundgedanken haben Finleys Ansichten von antiker Wirtschaft und Gesellschaft entscheidend geprägt, Weberscher Terminologie begegnet man in seinen Arbeiten häufig, auch wenn sie gelegentlich angepaßt und variiert wird. Sein Bild des antiken Stadtstaats in seiner Besonderheit baut auf Webers Typ der Konsumentenstadt auf, ›ökonomischer Rationalismus‹, ›Zweckrationalität‹ und Erwerbsmentalität sind wesentlich für seine Analyse. Die Begriffe von Stand und Status zieht Finley für die Antike dem Marxschen Klassenbegriff vor, ohne indes Schwierigkeiten leugnen zu wollen oder sich in der Lage zu sehen, das »in eine mathematische Gleichung« zu bringen.[5]

Ausgangspunkt seiner relativ seltenen Äußerungen zu methodischen Fragen, von denen der größere Teil in diesem Band versammelt ist und die ihn in den letzten Jahren verstärkt beschäftigt haben, ist vor allem der Webersche Idealtyp *in seiner Anwendung*. Hier sind Variierungen vielleicht am deutlichsten erkennbar: einerseits die Tendenz, sich bei der Konstruktion von Modellen auf die bezeichnenden Faktoren zu konzentrieren,[6] andererseits die sich ergebende Notwendigkeit der Diachronie, von Reihen sich mehr oder weniger verändernder bezeichnender Faktoren, wobei er stets auf die Schwierigkeiten hinwies, die diese Forderung dem Althistoriker bereitet. Hier wie sonst ist es nicht von hervorragender Wichtigkeit, ob Finley die Intentionen Webers richtig verstanden hat und ihnen gerecht geworden ist,[7] oder ob er zu der Klärung der Frage des Idealtyps bei Weber beigetragen hat.[8] In seinem Stuttgarter Vortrag hat er es deutlich ausgesprochen: »Mein Thema ist trotz allem die Methode althistorischer Forschung und nicht Max Weber« (o. S. 109).

Der Einfluß der Arbeiten Moses Finleys auf die althistorische Forschung war und ist enorm, vor allem im Bereich der antiken Sozial- und Wirtschaftsgeschichte. In besonderem Maße gilt das neben dem angelsächsischen Bereich für Frankreich und Italien. In Deutschland hat ihm seine offene Kritik an großen Althistorikern[9] und an traditionellen Positionen, die durch seine Freude an pole-

mischer Formulierung belebt wurde, nicht nur Wohlwollen einge-
tragen. Er hat stets ein kritisches, aber doch auch ein besonderes
Interesse an der deutschen althistorischen Forschung gezeigt.
Über Moses Finley als Lehrer, als anregenden Gesprächspartner
und als Freund, der eine große Lücke hinterläßt, wäre noch
manches zu sagen – doch scheint hier kaum der Ort dafür.

Rom, im Januar 1987   *A.W.*

Anmerkungen

I. Fortschritt in der Geschichtsschreibung

1 Dieses Einleitungskapitel ist ein leicht überarbeiteter Auszug meines Aufsatzes »›Progress‹ in Historiography«, *Daedalus* 106, Sommer 1977, 125–142. Das Thema des Bandes war ›Discoveries and Interpretations, Studies in Contemporary Scholarship‹. Der Abdruck erfolgt mit freundlicher Genehmigung von *Daedalus, Journal of the American Academy of Arts and Sciences*.

2 P. Veyne, *Comment on écrit l'histoire*, Paris 1971, 255.

3 Veyne a. O., 253 und 271.

4 Veyne a. O., 267.

5 Obwohl ich in einigen Fällen meine Ansichten über methodische Fragen im Vergleich zu früheren Äußerungen geändert habe, hielt ich es nicht für notwendig, das hier im einzelnen anzugeben. Im allgemeinen beziehen sich meine Bemerkungen, sofern das nicht ausdrücklich gesagt wird, nicht auf Althistoriker, die den Marxismus als übergreifenden konzeptuellen Rahmen akzeptieren, vor allem nicht auf jene in den sozialistischen Ländern.

6 M. Nilsson, *Greek Popular Religion*, New York 1940, 4, 15 und 135. Ich sehe keinen Grund, Abstriche an der Kritik zu machen, die ich seinerzeit in einer Rezension geäußert habe (*Studies in Philosophy and Social Science* 9, 1941, 502–510).

7 Vgl. dazu A. Momigliano in seiner Einleitung zu der italienischen Ausgabe der *Kulturgeschichte*, jetzt in: ders., *Secondo contributo alla storia degli studi classici*, Rom 1960, 283–298, hier 286, Anm. 4. Dort werden auch andere negative Urteile zitiert.

8 K. Christ, *Von Gibbon zu Rostovtzeff*, Darmstadt 1972, 106–108.

9 ›Politische Pädagogik‹ ist der Titel des 3. Kapitels von A. Wucher, *Theodor Mommsen. Geschichtsschreibung und Politik*, Göttingen 1956.

10 A. Momigliano, »Ancient History and the Antiquarian«, *Journal of the Warburg and Courtauld Institutes 13*, 1950, 285–315, jetzt in: ders., *Contributo alla storia degli studi classici*, Rom 1955, 67–106, hier 100.

11 F. Millar, *The Emperor in the Roman World (31 BC–AD 337)*, London 1977, XII f.

II. Der Althistoriker und seine Quellen

1 Eine wesentlich kürzere Version dieses Kapitels ist erschienen in
 E. Gabba (Hrsg.), *Tria Corda. Scritti in onore di Arnaldo Momigliano*
 (Athenaeum Suppl. 1), Como 1983, 201–214.

2 J. Oates, »Mesopotamian Social Organization: Archaeological and
 Philological Evidence«, in: J. Friedman–M. J. Rowlands (Hrsg.), *The
 Evolution of Social Systems*, London – Pittsburgh 1978, 457–485, hier
 473.

3 A. Momigliano, »Ancient History and the Antiquarian«, *Journal of the
 Warburg and Courtauld Institutes* 13, 1950, 285–315, jetzt in: ders.,
 Contributo alla storia degli studi classici, Rom 1955, 67–106, hier 68.

4 Hdt. 3, 122; Thuk. 1,20–21.

5 Die kurze Zusammenfassung, die Thukydides von den Ereignissen in
 Griechenland in der ferneren Vergangenheit gibt (Thuk. 1,2–18), stellt
 keine Ausnahme dar: sie ist Ausdruck einer allgemeinen soziologischen
 Theorie von Macht und Fortschritt und nicht Geschichte im üblichen
 Sinne.

6 »Es bereitet uns kein allzugroßes Kopfzerbrechen, Erfindungsgabe in
 relativ geringfügigen Details zu entdecken, aber wir erwarten die *große*
 Lüge nicht selbstverständlich [...]. Heutzutage haben wir gelernt,
 wenigstens theoretisch die Gefahren anzuerkennen, die sich ergeben,
 wenn man annalistische Quellen für verläßlich hält, aber der Drang,
 glauben zu wollen, ist doch noch immer sehr stark« (T. P. Wiseman,
 Clio's Cosmetics, Leicester 1979, 52 f.).

7 S. D. Musti, »Tendenze nella storiografia romana e greca su Roma
 arcaica«, *Quaderni Urbinati* 10, Rom 1970.

8 Es genügt, T. Cornell, »Aeneas and the Twins: the Development of the
 Roman Foundation Legend«, *Proceedings of the Cambridge Philological Society* n. s. 21, 1975, 1–32 zu zitieren sowie E. Gabba, »Storiografia
 greca e imperialismo romano (III–I sec. a. C.)«, *Revista Storica Italiana*
 74, 1974, 625–642 und ders., »Sulla valorizzazione politica della leg-
 genda delle origini troiane di Roma«, in: M. Sordi (Hrsg.), *I canali della
 propaganda nel mondo antico* (Contributi dell' Istituto di Storia Antica
 dell' Univ. del Sacro Cuore, Milano, Vita e Pensiero 4), Mailand 1976,
 84–101; C. B. R. Pelling, »Plutarch's Adaption of His Source-Mate-
 rial«, JHS 100, 1980, 123–140.

9 R. M. Ogilvie, *A Commentary on Livy, Books 1–5*, Oxford 1965, 88.

10 R. M. Ogilvie, *Das frühe Rom und die Etrusker*, München 1983, 189.

11 F. W. Walbank, *Polybius*, Berkeley – London 1972, 44.

12 F. E. Adcock, *Thucydides and his History*, Cambridge 1963, 27–35. Zu
 welchen exzessiven Kommentaren Thukydides moderne Interpreten
 verleiten kann, zeigt P. A. Stadter (Hrsg.), *The Speeches of Thucydides*,
 Chapel Hill 1973.

13 J. H. Finley, Jr., *Thucydides*, Cambridge/Mass. 1942, 102. Oder vgl. zu den Reden bei Livius P. G. Walsh, *Livy*, Cambridge 1961, 220: »Wenn man auch bedauern mag, daß solche Reden nicht im engeren Sinne historisch sind, so verdient doch die psychologische Erkenntnis, die sie vermitteln, nichts als rühmende Anerkennung.«

14 S. C. Schneider, *Information und Absicht bei Thukydides,* Göttingen 1974.

15 Es ist ziemlich offensichtlich, daß ich selbst keine Zweifel daran habe, daß die Reden selbst bei Thukydides nicht authentisch sind, wenn man von der normalen Bedeutung dieses Wortes ausgeht. Ich will die Frage jedoch nicht noch ausführlicher erörtern, denn selbst ein oder zwei Ausnahmen würden meine Argumentation nicht zu Fall bringen. Ich verweise dafür auf H. Strasburger, »Thukydides und die politische Selbstdarstellung der Athener«, *Hermes* 86, 1958, 492–530, jetzt in: ders., *Studien zur Alten Geschichte,* Bd. 2, Hildesheim/New York 1982, 676–708; Schneider, *Information und Absicht,* 137–154; kurz und vorsichtig A. Andrewes – K. J. Dover, *A Historical Commentary to Thucydides, Book VIII,* Oxford 1981, 393–399. A fortiori habe ich noch weniger Zweifel über Polybius als den Erfinder von Reden in seinem Werk, trotz der heroischen Bemühungen von Walbank, seine Authentizität als Berichterstatter von Reden sogar noch höher anzusetzen als die des Thukydides (F. W. Walbank, *Speeches in Greek Historians* (Third J. L. Myres Memorial Lecture), Oxford 1965).

16 Walbank, *Speeches,* 18 und 2.

17 Es scheint mir erwähnenswert festzustellen, daß wir heute in dieser Hinsicht bei Biographien sehr viel mehr Abschweifungen tolerieren oder sogar erwarten.

18 R. G. Collingwood, *The Idea of History,* Oxford 1946, 30–31.

19 Die große Ausnahme war die Kirchengeschichte seit ihrer Begründung durch Eusebius im 4. Jahrhundert n. Chr.; vgl. die scharfsinnige Untersuchung von A. Momigliano, »Pagan and Christian Historiography in the Fourth Century AD«, in: ders. (Hrsg.), *Paganism and Christianity in the Fourth Century,* Oxford 1963, 79–99, jetzt in: ders., *Terzo Contributo alla storia degli studi classici,* Bd. 1, Rom. 1966, 87–109.

20 S. G. Klaffenbach, *Bemerkungen zum griechischen Urkundenwesen,* SB Berlin 1960, 6, 1.

21 S. u. Kapitel 3.

22 F. Jacoby, *RE* 11, 2, 1922, 1617–1621, s. v. Krateros, jetzt in: ders., *Griechische Historiker,* Stuttgart 1956, 165–167. Obwohl es Vorgänger des Aristoteles gab wie den Sophisten Hippias von Elis, kann man doch mit Recht die Peripatetiker als die Begründer der griechischen Archivforschung ansehen.

23 Man vgl. die Sammlung S. Riccobono (Hrsg.), *Fontes Iuris Romani Anteiustiniani, Leges*, Florenz² 1941. Die seit 1940 gemachten Inschriftenfunde verändern das Bild nicht wesentlich.

24 Zum folgenden s. M. I. Finley, »Myth, Memory and History«, in: *History and Theory* 4, 1965, 281–302, jetzt in: M. I. Finley, *Use and Abuse of History*, London – New York 1975, Kapitel 1.

25 T. P. Wiseman, »Legendary Generalogies in Late-Republican Rome«, *Greece and Rome* 2nd ser. 21, 1974, 153–164.

26 Z. Yavetz, »Forte an dolo principis (Tac. Ann. 15,38)«, in: B. Levick (Hrsg.), *Festschrift C. E. Stevens*, Oxford 1975, 181–197. Ich sehe keine Gründe, warum Yavetz so sicher sein sollte, daß »es irgendetwas gegeben haben muß, worauf sich die Behauptung gründete, daß Nero die Stadt in Brand gesetzt hatte«.

27 A. Momigliano, »The Origins of the Roman Republic«, in: ders., *Quinto Contributo alla storia degli studi classici*, Rom 1975, 293–332, hier 296.

28 M. H. Crawford, »The Early Roman Economy, 753–280 BC«, in: *Festschrift J. Heurgon*, Paris 1976, 197–207, hier 198. Er schreibt speziell über frühe Münzen, aber die Charakterisierung gilt ebenso für andere Dinge.

29 Wiseman, *Clio's Cosmetics*, 45.

30 IG I³ 1 z. B., ein athenischer Volksbeschluß über Salamis; oder der sogenannte *lapis niger* auf dem Forum; die kürzlich entdeckte Inschrift von Satricum findet man bei C. M. Stibbe (Hrsg.), *Lapis Satricanus (Arch. Studien van het Nederlands Inst. te Rome, Scripta Minora 5)*, Rom 1980.

31 Ogilvie, *Das frühe Rom* 29.

32 Ogilvie, *Commentary on Livy*, 13.

33 Für einen ersten Versuch s. die Kommentare von C. Ampolo in seinen zwei Kapiteln in *Dialoghi di Archeologia n. s.* 2, 1980, und die Diskussion in den zwei Heften dieser Zeitschrift, die dem Thema »La formazione della città nel Lazio« gewidmet sind.

34 Inschriften und Papyri sind nicht im eigentlichen Sinne archäologische Zeugnisse; Ziegel- und Keramikstempel sind ein Grenzfall.

35 D. L. Clarke, *Analytical Archaeology*, London 1968, 13.

36 S. z. B. C. L. Redman (Hrsg.), *Research and Theory in Current Archaeology*, New York 1973.

37 S. z. B. B. D. Shaw, Archaeology and Knowledge: »The History of the African Provinces of the Roman Empire«, *Florilegium* 2, 1980, 28–60.

38 J. Boardman in: *Encounter*, April 1973, 67.

39 S. z. B. A. M. Snodgrass, »La prospection archéologique en Grèce et dans le monde méditerranéen«, *Annales E.S.C.* 37, 1982, 800–812.

40 »Es ist oder sollte in der Tat klar sein, daß die Geschichte eine einzige Wissenschaft ist, zu der die verschiedenen Disziplinen auf jeweils ihre

Weise beitragen müssen und die am Ende die gültigen Kriterien für eine Bewertung liefert.« (F. Coarelli, »Public Building in Rome between the Second Punic War and Sulla«, *Papers of the British School at Rome* 45, 1977, 1–23, hier 1–2).

41 T. Helen, *Organization of Roman Brick Production in the First and Second Centuries AD (Acta Instituti Romani Finlandiani IX 1)*, Rom 1975, und P. Setälä, *Private Domini in Roman Brick Stamps of the Empire* (Acta Instituti Romani Finlandiani IX 2), Rom 1977, mit einer Rezension dazu von J. Andreau, *Annales E.S.C.* 37, 1982, 920–925; Y. Garlan, »Koukos«, in: *Thasiaca, BCH* Suppl. 5, 1979, 219–233.

42 Zu den Fallen, die dem Historiker gestellt werden, s. J. Y. Empereur, »Les anses des amphores timbrées et les amphores: aspects quantitatifs«, *BCH* 106, 1982, 219–233.

43 Dazu kurz J. Paterson, »Salvation from the Sea: Amphoras and Trade in the Roman West«, *JRS* 72, 1982, 146–157 (mit Bibliographie), hier 153.

44 A. Tchernia, »Quelques remarques sur le commerce du vin et les amphores«, in: J. H. D'Arms-E. C. Kopff (Hrsg.), *The Seaborne Commerce of Ancient Rome* (Memoirs of the American Academy in Rome 36), Rom 1980, 305–312; vgl. A. Hesnard-C. Lemoine, »Les amphores de Cécube et de Falerne«, *Mélanges de l'École Française de Rome, Antiquité* 93, 1981, 243–295, hier 262–264.

45 P. A. Gianfrotta hat derartige Funde erwähnt in *Bolletino d'Arte* 56, 1981, 80–81, und er kündigt dazu eine Publikation an. Diese *dolia* sind zusammen mit zahlreichen Amphoren des Typs Dressel 2–4 gefunden worden und können in die augusteische Zeit datiert werden.

46 S. die kurze, aber wichtige Rezension von A. Drummond, *JRS* 72, 1982, 177–179.

47 J. C. Richard, *Les origines de la plèbe romaine* (Bibliothèque des Écoles Françaises d'Athènes et Rome 232), Paris 1973, XII.

48 F. Coarelli, »Topographie antique et idéologie moderne: le Forum romain revisité«, *Annales E.S.C.* 37, 1982, 724–740, hier 728.

49 Cornell, »Aeneas and the Twins«, 11–16.

50 S. vor allem A. Momigliano, *How to Reconcile Greeks and Trojans,* Mededelingen Akad. van Wetenschappen n. s. 45, 1982; vgl. Cornell, »Aeneas and the Twins«; E. Gabba, »Studi su Dionigi de Alicarnasso. I. La costituzione di Romolo«, *Athenaeum* n. s. 28, 1960, 175–225.

51 Dazu kurz T. J. Cornell in einer Diskussion in *Dialoghi di Archeologia* n. s. 2, 1980, 206–207.

52 S. die historischen Kapitel von H. S. Versnel in *Lapis Satricanus,* vor allem 102–107. Aufmerksamkeit verdient der Vorschlag von Stibbe (106, Anm. 10), daß statt Satricum der ursprüngliche Name ein anderer

gewesen sein könnte, wie z. B. Pometia, das bis heute noch nicht lokalisiert ist.

53 J. P. Morel, »La céramique comme indice du commerce antique«, in: P. Garnsey–C. R. Whittaker, *Trade and Famine in Antiquity* (Cambridge Philological Society Suppl. 8), Cambridge 1983, Abschnitt 3,1,1. Dieser Aufsatz (66–74) ist eine wichtige Bestandsaufnahme der methodologischen Probleme und Regeln.

54 D. P. S. Peacock, *Pottery in the Roman World*, London 1982, 2.

55 Eine gute Einführung bietet Peacock a. O.

56 A. Carandini, »African Pottery«, in: P. Garnsey–K. Hopkins–C. R. Whittaker (Hrsg.), *Trade in the Ancient Economy*, London – Berkeley 1983, 145–162, hier 155.

57 S. z. B. Morel, »Céramique«; J. P. Morel, »La produzione della ceramica campana: aspetti economici e sociali«, und G. Pucci, »La ceramica italica (terra sigillata)«, in: A. Giardina–A. Schiavone (Hrsg.), *Società romana e produzione schiavistica Bd. 2: Merci, mercati e scambi nel mediterraneo*, Rom – Bari 1981, 81–98 und 99–122.

58 D. P. S. Peacock, »Recent Discoveries of Roman Amphora Kilns in Italy«, *Antiquaries Journal* 57, 1977, 262–269 (mit Bibliographie); vgl. Hesnard–Lemoine, »Amphores de Cécube«.

59 H. Cockle, »Pottery Manufacture in Roman Egypt: a New Papyrus«, *JRS* 71 1981, 87–95. Genau genommen ist nur einer der Papyri publiziert worden; die anderen werden in dem Aufsatz nur erwähnt, insofern sie Varianten bieten. Die beiden nicht publizierten Dokumente sind die Pachtverträge für ein Drittel bzw. ein Viertel einer Keramikwerkstatt, und man muß mit dem Herausgeber annehmen, daß die restlichen Anteile aufgrund anderer Dokumente verpachtet wurden, die uns nicht überliefert sind. Ich habe die Zahlen dementsprechend hochgerechnet.

60 Einige Einzelheiten und weitere Schwierigkeiten habe ich ausgelassen. Für meine unmittelbar folgenden Bemerkungen ist von Interesse zu wissen, daß das Verfahren der Forschung seit langem aufgrund einiger anderer Pachtverträge für Keramikwerkstätten in Ägypten bekannt ist, allerdings nicht so detailliert. Zwei Dokumente aus dem 6. Jahrhundert n. Chr. sind Pachtverträge für einen Anteil an einer Werkstatt, ein Vierzehntel in einem Falle, ein Drittel in dem anderen, jeweils für zehn Jahre bzw. für die Lebenszeit des Pächters. (*P. Lond*, III 994, p. 259 und *P. Cairo Masp*. I 67110).

61 Carandini, »African Pottery«, 156–158.

62 S. Pigott in: P. J. Ucko, *Man, Settlement and Urbanism*, London 1972, 950.

63 Zitiert in meinem *Use and Abuse*, 88.

64 C. Renfrew, *Problems in European History*, Cambridge 1979, 35.

65 A. Guidi, »Sulle prime fasi dell'urbanizzazione nel Lazio protostorico«, *Opus* 1, 1982, 279–285.

66 S. die Einwände gegen Guidi, die C. Ampolo vorgebracht hat und die darauffolgende Diskussion in *Opus* 2, 1983, 425–448. Daß es wesentlich schwieriger ist, den Begriff der Stadt zu definieren, als Guidi und seine Mentoren glauben, zeigt z. B. P. Wheatley, »The Concept of Urbanism«, in: Ucko, *Man, Settlement*, 601–637.

67 Paterson, »Salvation from the Sea«, 157.

III. Dokumente

1 Dieses Kapitel ist ursprünglich für ein Sonderheft der *Annales E.S.C.* geschrieben und dort in dem Jahrgang 37, 1982, 697–713 auf französisch erschienen. Es wird hier abgedruckt mit der freundlichen Genehmigung der Herausgeber. Die Bemerkungen sind auf den engeren Rahmen der Frage von Dokumenten als Quelle für die antike Wirtschaftsgeschichte angelegt, aber die wesentlichen Punkte behalten auch für andere Gebiete der Alten Geschichte ihre Gültigkeit.

2 Die Vorlesung wurde im Jahre 1948 in London veröffentlicht und nicht in die Sammlung der Schriften von Jones aufgenommen, die nach seinem Tode erschien (A. H. M. Jones, *The Roman Economy*, hrsg. v. P. A. Brunt, Oxford 1974). Der Grund dafür war, daß die wichtigsten Gedanken (wenn auch nicht die Einleitung, um die es mir hier geht) in späteren Veröffentlichungen wiederkehren.

3 A. H. M. Jones, »Slavery in the Ancient World«, *Economic History Review* 2nd ser. 9, 1956, 185–199, hier 194, jetzt in: M. I. Finley (Hrsg.), *Slavery in Classical Antiquity*, Cambridge 1964, 10.

4 Sklavenpreise, die man aus den ägyptischen Papyri kennt, stören die ›Einheitlichkeit‹ und Jones hat sie aus fadenscheinigen Gründen ausgeschlossen. Nach der neuesten Aufstellung sind in 28 Fällen Preise für die Zeit der römischen Herrschaft bis zum Ende des 2. Jahrhunderts n. Chr. überliefert, und ein kurzer Blick genügt, um zu erkennen, daß sie weder in Jones Bild passen noch in eine sinnvolle Reihe gebracht werden können (I. Biezunska-Malowist, *L'esclavage dans l'Égypte gréco-romaine* Bd. 2, Warschau 1977, 165–166.

5 Als ich in *Die antike Sklaverei*, München 1981, 217 mit Anm. 19 diesen speziellen Fall kommentierte, habe ich P. Anderson, *von der Antike zum Feudalismus. Spuren der Übergangsgesellschaften*, Frankfurt 1978, als Beispiel dafür angeführt, daß ein Nicht-Fachmann die Ansicht eines Fachmanns aufgrund seiner *auctoritas* wiederholt. Das ist natürlich ein weitverbreitetes Verhalten; s. z. B. J. Stengers, »L'historien devant l'abondance statistique«, *Revue de l'Institut de Sociologie*, 1970, 427–458, hier 443–445.

6 F. Furet, »Le quantitativ en histoire«, in: J. Le Goff–P. Nora (Hrsg.) *Faire de l'histoire*, Bd. 1, Paris 1974, 54.

7 P. Vilar, »Pour une meilleure compréhension entre économistes et historiens«, *Revue historique* 233, 1965, 293–312.

8 R. S. Schofield, »The Geographical Distribution of Wealth in England, 1334–1649«, *Economic History Review* 2nd ser. 18, 1965, 483–510, jetzt in: R. Floud (Hrsg.), *Essays in Quantitative Economic History*, Oxford 1974, 79–106,

9 Schofield a. O. und E. J. Buckatzsch, »The Geographical Distribution of Wealth in England, 1086–1843«, *Economic History Review* 2nd ser. 3, 1950, 180–202.

10 Die Dokumente, die in literarischen Quellen zitiert werden, wie zuverlässig oder unzuverlässig auch immer, können diese zusammenfassende Darstellung nicht wesentlich beeinflussen.

11 S. z. B. Demosth. 57.

12 P. Vidal-Naquet, *Le bordereau d'ensemencement dans l'Egypte ptolémaique*, Brüssel 1967; J. Bingen. *Le Papyrus Revenue Laws – tradition grecque et adaptation hellénistique* (Rheinisch-Westfälische Akad. d. Wiss., Vorträge G 231), Opladen 1978.

13 Zum folgenden s. Cl. Préaux, *Les Grecs en Egypte d'apres les archives de Zénon*, Brüssel 1947. Alle vorangegangenen Publikationen über die Zenon-Papyri sind jetzt ersetzt durch Cl. Orrieux, *Les Papyrus de Zénon*, Paris 1983 und seine Dissertation *Zénon de Canros, parépidémos, et le destin Grec* (Annales littéraires de l'Université de Besançon), Besançon 1986. Obwohl er ständig das Wort ›Archiv‹ benutzt und Zenon als einen ›Archivar‹ bezeichnet, gibt es nichts in der Darstellung bei Orrieux, das meine folgenden Feststellungen entkräften würde.

14 Préaux, *Zénon*, 31–32.

15 Préaux, *Zénon*, 4.

16 Préaux, *Zénon*, 31.

17 Ich will weder die Meinung vertreten, daß die vorhandenen Dokumente für den Wirtschaftshistoriker nutzlos seien, noch will ich die positiven Resultate vieler sorgfältiger, aber doch begrenzter Untersuchungen herabsetzen. Ich versuche nur einfach die Grenzen aufzuzeigen, denen wir uns gegenübersehen: nicht einmal für das Gut des Apollonios, geschweige denn für die Elite des Ptolemäerreichs insgesamt wird es je möglich sein, eine Rechnung aufzumachen, die sich im mindesten mit dem Abschnitt in Kulas Untersuchung des feudalen Polen vergleichen lassen kann, der mit folgenden Worten eingeleitet wird: »Wir wissen ungefähr, was der polnische Adlige auf mikroökonomischer und auf makroökonomischer Ebene absetzte. Diese Kenntnis verdanken wir einigen monographischen Untersuchungen zu individuellen Großgütern und zu den Statistiken über den Export von Danzig aus« (W. Kula, *An Economic Theory of the Feudal System*, London 1976, 122).

18 G. Mickwitz, »Economic Rationalism in Graeco-Roman Agriculture«, *English Historical Review* 52, 1937, 577–589.

19 R. Duncan-Jones, *The Economy of the Roman Empire,* Cambridge² 1982, Kapitel 2. In seiner Rezension dieses Buches in *Gnomon* 49, 1977, 55–63 hat H. W. Pleket einige Mühe darauf verwendet, Duncan-Jones ›Berichtigungen‹ des Columella zu berichtigen, aber das ändert an der Sache nichts; es bestätigt nur meine Ansicht, daß das genaue Nachrechnen einzelner und vereinzelter Texte reine Zeitverschwendung ist. Ein kürzlich gemachter Versuch A. Carandinis, Columellas Berechnungen als ein ganz und gar ›rationales‹ Verfahren zu ›retten‹, muß in den Bereich der Phantasie verwiesen werden (A. Carandini, »Columella's Vineyard and the Rationality of the Roman Economy«, *Opus* 2, 1983, 177–204; s. die kurze Kritik in meinem *The Ancient Economy,* London – Berkeley² 1985, 180–181 (in der 2. Auflage der deutschen Ausgabe noch nicht enthaltender Nachtrag, Anm. d. Übers.).

20 Eine gute Auswahl ist die nützliche Sammlung von H. W. Pleket (Hrsg.), *Texts on the Economic History of the Greek World* (Textus Minores 31), Leiden 1964. Vgl. die ausführliche Erörterung eines anderen Typs von Dokumenten durch I. Calabi-Lamentani, »Modalità della communicazione ufficiale in Atene. I decreti onorari«, *Quaderni Urbinati di Cultura Classica* n. s. 16, 1984, 85–115.

21 Die literarische Quelle für das Dekret Alexanders ist Diod. 18,8. Den Text der beiden Inschriften findet man bei Ed. Schwyzer (Hrsg.), *Dialectorum graecorum exempla potiora* Nr. 620 (Mytilene) und Nr. 657 (Tegea).

22 Der Text mit richtiger Datierung findet sich bei Dittenberger, *Sylloge*³ Nr. 364.

23 Mit einem ausführlichen Kommentar publiziert von W. K. Pritchett, »The Attic Stelai«, *Hesperia* 22, 1953, 225–311; 25, 1956, 178–317; 30, 1961, 22–29.

24 D. M. Lewis, »After the Profanation of the Mysteries«, in: E. Badian (Hrsg.), *Ancient Society and Institutions. Studies Presented to Victor Ehrenberg,* Oxford 1966, 177–191, hier 182–186. Nichts wesentlich Neues für die Diskussion bringen die Fragmente der Inschriftenstellen, die den Verkauf durch öffentliche Versteigerung des Besitzes der Dreißig Tyrannen und ihrer Gefolgsleute im Jahre 402/1 v. Chr. aufzeichnen und von M. Walbank, »The Confiscation and Sale by the Poletai in 402/1 BC of the Property of the Thirty Tyrants«, *Hesperia* 51, 1982, 74–98 publiziert wurden.

25 Es ist mir in diesem engen Rahmen nicht möglich, die Abrechnungen der Heiligtümer, vor allem von Delphi, Delos und Epidauros (die zweiter unten kurz erwähnt werden) zu behandeln, die die besten erhaltenen Beispiele für eine detaillierte Buchführung sind.

26 Darauf ist aufmerksam gemacht worden von C. Ampolo, »Tra finanza e politica: carriera e affari del Signor Moroikles«, *Rivista di Filologia* 109, 1981, 187–204, hier 188–189.

27 Lewis, »After the Profanation«, 187.

28 Lewis a.O., 188–189.

29 M. Crosby, »The Leases of the Laureion Mines«, *Hesperia* 19, 1950, 189–312, mit einem Nachtrag *Hesperia* 26, 1957, 1–23. Es gibt noch mehr Fragmente von Inschriften der *poletai,* die der Publikation harren, wie Lewis mir mitteilt, doch seien keine Fragmente von Grubenpachturkunden darunter.

30 D. M. Lewis, »Attic Manumissions«, *Hesperia* 28, 1959, 208–238, mit einem Nachtrag *Hesperia* 37, 1968, 368–374.

31 Klaffenbach, *Urkundenwesen.* Vgl. für den speziellen Fall athenischer Ehrendekrete Calabi-Lamentani, »Communicazione«.

32 Für ein neueres Beispiel s. L. Canfora, »Il soggetto passivo della polis classica«, *Opus* 1, 1982, 33–51.

33 S. mein *Studies in Land und Credit in Ancient Athens,* New Brunswick 1952 (Ndr. 1985), dessen Ergebnisse ich zusammengefaßt habe in »Land, Debt and the Man of Property in Classical Athens«, *Political Science Quarterly* 68, 1953, 429–468, jetzt in: M. I. Finley, *Economy and Society in Ancient Greece,* hrsg. v. B. D. Shaw–R. P. Saller, London 1978, Kapitel 4, mit einer ergänzenden Bibliographie 260–261. Eine nähere Betrachtung der seit 1952 neu publizierten *horoi* hat gezeigt, daß meine hauptsächlichen Schlußfolgerungen durch neue Dokumente nicht beeinträchtigt werden: P. Millet, *Opus* 1, 1982, 219–249, jetzt in dem Nachdruck meines Buches aus dem Jahre 1985 wiederabgedruckt.

34 S. J. Andreau, *Les affaires de Monsieur Jucundus* (Collection de l'École Française de Rome 19), Rom 1974.

35 Andreau a.O. 20.

36 Die Untersuchung des Archivs des Iucundus ist in der Tat nur begrenzt aussagekräftig da der zeitliche Rahmen zu eng ist.

37 Kula, *Feudal System,* 181.

38 Wichtige Beispiele, was geleistet werden kann, sind S. Lauffer, *Die Bergwerkssklaven von Laureion* (Abh. d. Akad. d. Wiss. u. Lit. Mainz, Geistes- u. Sozialwiss. Kl. 1955, 12; 1956, 11), 2 Bde, Wiesbaden[2] 1979; A. Burford, *The Greek Temple Builders at Epidauros,* Liverpool 1969.

39 C. Ampolo, »Oikonomia«, *Archeologia e storia antica* 1, 1979, 119–130, hier 127.

IV. ›Wie es eigentlich gewesen‹

1 Dieses Kapitel ist zuerst auf deutsch erschienen unter dem Titel »Wie es eigentlich gewesen«, *HZ* 239, 1984, 268–286 (die vorliegende Fassung ist geringfügig erweitert und verändert, Anm. d. Übers.).

2 K. G. Jackson–H. Haydn, *The Papers of Christian Gauss*, New York 1957, 293.

3 J. E. Acton, *Historical Essays and Studies*, London 1907, 352.

4 L. v. Ranke, »Geschichte der romanischen und germanischen Völker« (2. Aufl.), *Sämtliche Werke* Bd. 33, Leipzig 1874, VIII. Ranke hat diese Feststellung mehr als einmal in ähnlichen Formulierungen wiederholt, z. B. in der (posthum herausgegebenen) Einleitung zu einer Vorlesungsreihe aus den 1840er Jahren über deutsche Geschichte: L. v. Ranke, *Aus Werk und Nachlaß* Bd. 4, hrsg. v. V. Dotterweich–W. P. Fuchs, München – Wien 1975, 177.

5 Die Äußerungen Rankes selbst sind kurz, aber nützlich zusammengefaßt bei K. Repgen, »Über Rankes Diktum von 1824«, *Historisches Jahrbuch* 102, 1982, 439–449, hier 445–449, der entdeckt, daß ›Wie es eigentlich gewesen‹ ein direktes Zitat von Thuk. 2,48,3 ist, was bisher übersehen worden war.

6 H. Holborn, *History and the Humanities*, Garden City/N. Y. 1972, 91.

7 Die Formulierung (personal self-effacement) stammt von Holborn a. O., 36.

8 Zu Rankes Lebzeiten erschienen zwischen 1838 und 1885 acht Auflagen, von denen einige erhebliche Änderungen und Nachträge enthielten, so daß das Werk schließlich mit dem Vatikanischen Konzil von 1869/70 abschloß.

9 Schon 1824, bevor er sich den Archivstudien zuwandte, hatte Ranke als Ergänzungsband zu seinem ersten Buch (dem über die romanischen und germanischen Staaten zwischen 1494 und 1514) eine bemerkenswerte eingehende Untersuchung über die Zuverlässigkeit historiographischer Darstellungen vorgelegt, die auf Italienisch, Französisch, Deutsch oder Spanisch erschienen waren: L. v. Ranke, »Zur Kritik neuerer Geschichtsschreiber« (2. Aufl.), *Sämtliche Werke* Bd. 34, Leipzig 1874. Man könnte durchaus sagen, daß dieses Buch bedeutender als die *Geschichten der romanischen und germanischen Völker* selbst ist; s. dazu E. Schulin, »Rankes erstes Buch«, *HZ* 203, 1966, 581–609, hier 588–589. Im ersten und deutlich längsten Kapitel wird das Werk des großen Guicciardini in jeder Hinsicht – auch in bezug auf die fiktiven Reden – regelrecht zerpflückt. Angesichts der Parallele zu den Reden bei Thukydides ist interessant, daß Ranke mit folgendem Urteil schloß: »Man muß gestehen, daß diese Discorse in Guicciardini etwas wahrhaft Originales haben, daß sie voller Geist und Scharfsinn sind. [...] Diese Discorse sind nicht eine Hervorbringung von Guicciardinis Geist

allein; sie ruhen, und zwar in doppelter Hinsicht, nur allzuwohl auf dem Zustand seiner Vaterstadt Florenz. [...] In diesen Discorsen besteht das Verdienst seines Werks [...].« (37–38).

10 B. Croce, *La storia come pensiero e come azione* (Saggi filosofici IX), Bari ⁴1943, 86–87 (La storiografia senza problema storico. I. Ranke).

11 Zu Heine und Burckhardt s. Croce a. O. und B. Bravo, *Philologie, histoire, philosophie d'histoire. Étude sur J. G. Droysen*, Warschau 1968, 285–288 und 305–310.

12 F. Meinecke, *Ranke und Burckhardt*, Berlin 1948, Vgl. die Kritik bei E. Kessel, »Ranke und Burckhardt«, *Archiv für Kulturgeschichte* 33, 1951, 351–379.

13 Brief an Arendt vom 18. Mai 1846 (R. Hübner (Hrsg.), *J. G. Droysens Briefwechsel* Bd. 1, Berlin – Leipzig 1929, 333.

14 L. v. Ranke, »Englische Geschichte«, *Sämtliche Werke* Bd. 16, Leipzig 1877, 103; Bd. 21, Leipzig 1879, 114.

15 I. Krieger, Ranke: *The Meaning of History, Chicago* 1977 stellt vermutlich den ausführlichsten Versuch dar, Rankes Werk auf diese Fragestellung hin durchzusehen. Kapitelüberschriften wie ›Der unwissenschaftliche Kontrapunkt‹, ›Der unvollkommene Historiker‹, ›Die erste Synthese‹ (und dann die zweite und dritte) deuten ebenso auf die Schwierigkeiten wie die Erklärung mit Kategorien wie ›fruchtbare Undeutlichkeit‹ hin.

16 Zitiert bei H. Butterfield, *Man on his Past*, Cambridge 1955, 219 und 221.

17 Die von Ranke zitierte Stelle stammt aus einem venezianischen Manuskript aus den Wiener Archiven, das ausführlicher in einer Fußnote wiedergegeben wird.

18 L. v. Ranke, »Die römischen Päpste in den letzten vier Jahrhunderten« (7. Aufl.), *Sämmtliche Werke* (Bd. 37, Leipzig 1885, 320, 321.

19 Krieger, *Ranke*, 157.

20 L. v. Ranke, »Französische Geschichte«, *Sämmtliche Werke* Bd. 38, Leipzig 1886, 45.

21 Zitiert nach Buttefield, *Man on his Past*, 222.

22 J. G. Droysen, *Historik*, hrsg. v. R. Hübner, Darmstadt³ 1958, 35–36.

23 Ed. Meyer, *Geschichte des Altertums* Bd. I 1, Darmstadt⁶ 1953; ders., »Zur Theorie und Methodik der Geschichte«, in: ders., *Kleine Schriften* Bd. 1, Halle² 1924, 1–61; ders., »Thukydides«, in: ders., *Forschungen zur Alten Geschichte* Bd. 2, Halle 1899, 269–436. Zu Thukydides und Ranke s. ders., *Geschichte des Altertums* Bd. I 1, 211.

24 S. A. Momigliano, »Premesse per una discussione su Eduard Meyer«, *Rivista Storica Italiana* 93, 1981, 384–398; K. Christ, *Von Gibbon zu Rostovtzeff*, Darmstadt 1972, Kapitel 11; zu seiner politischen Rolle L. Canfora, *Intelletuali in Germania*, Bari 1979.

25 M. Weber, *Gesammelte Aufsätze zur Wissenschaftslehre*, Tübingen⁴ 1973, 265. Es ist typisch für Meyer, daß er beim Wiederabdruck seines Aufsatzes »Zur Theorie und Methodik der Geschichte« zwei belanglose Zugeständnisse gegenüber den Einwänden machte, die Weber in seiner »eingehenden, sehr dankenswerten« Kritik erhoben hatte, daß er sich jedoch weigerte, seinen Text zu ändern. Ich habe (*Die Sklaverei in der Antike*, München 1981, 56 mit Anm. 91) darauf hingewiesen, daß Meyer auf gleiche Weise mit Webers Kritik an seiner Schrift *Die wirtschaftliche Entwicklung des Altertums* verfahren ist.

26 Meyer, *Kleine Schriften* Bd. 1, 3.

27 Meyer, *Kleine Schriften* Bd. 1, 28, vgl. 16; Meyer, Geschichte des Altertums Bd. I, 1, 185–186.

28 Meyer, *Forschungen* Bd. 2, 378, vgl. 287.

29 Meyer, *Forschungen* Bd. 2, 380–386. Die Probleme der Reden bei Thukydides werden auf den Seiten 380–400 behandelt.

30 S. den Anfang meines Aufsatzes »Myth, Memory and History«, *History and Theory* 4, 1965, 281–302, jetzt in: *Use and Abuse of History*, London – New York 1975, Kapitel 1.

31 W. v. Humboldt, *Gesammelte Schriften* Bd. 4, hrsg. v. A. Leitzmann, Berlin 1905, 36–56, hier 35–36.

32 Droysen, *Historik*, 324 und 422. In unseren Tagen hat Hayden White, *Metahistory*, Baltimore – London 1973, 182, der sicherlich Humboldts Bedeutung nicht unterschätzt, über den Vortrag von 1821 folgendes gesagt: »Nur ein sehr großzügiger Kritiker konnte einräumen, daß dieses Argument dem Anspruch auf die Schlüssigkeit genügte, die eine wirkliche philosophische Analyse zeigen sollte.«

33 E. Guiglia, *Leopold von Rankes Leben und Werke*, Leipzig 1893, 54. Es handelt sich hier um ein gründliches und verläßliches Buch. Ich habe es deshalb nicht unternommen, seine Behauptung in dem umfangreichen Werk Rankes zu überprüfen, sondern das nur bei den posthum veröffentlichten Briefen in zwei Bänden (1939) und der vierbändigen Ausgabe des Nachlasses (1964–1975) getan.

34 G. Iggers, *Deutsche Geschichtswissenschaft*, München 1971.

35 Iggers a. O.

36 In seiner Ausgabe des Manilius I², Cambridge 1937, 87.

37 Holborn, *History and the Humanities*, 87.

38 C. N. Cochrane, *Thucydides and the Science of History*, London 1929, 26.

39 Adam Parry, »The Language of Thucydides' Description of the Plague«, *Bulletin of the London Institute of Classical Studies* 16, 1969, 106–118, hier 113.

40 P. Gardiner, *The Nature of Historical Explantation*, Oxford 1952, 60–61.

41 I. Berlin, »The Concept of Scientific History«, *History and Theory* 1,

1960, 1–31, jetzt in: ders., *Concepts and Categories,* hrsg. v. H. Hardy, London 1978, 103–142, hier 126–129.

42 W. G. Runciman, *Sociology in its Place,* Cambridge 1970, 10; vgl. den Rezensionsartikel von P. Abrams, »Sociology and History«, *Past and Present* 52, 1971, 118–125. S. jetzt W. G. Runciman, *A Treatise on Social Theory* Bd. 1, Cambridge 1983 für eine eingehende Verteidigung der Auffassung, daß die Unterschiede zwischen Natur- und Sozialwissenschaften (einschließlich der Geschichte) rein technischer Natur seien.

43 S. z. B. R. W. Fogel, »›Scientific‹ History and Traditional History«, *Logic, Methodology and Philosophy of Science* 6, 1982, 15–61, jetzt in: R. W. Fogel–G. R. Elton, *Which Road to the Past?,* New Haven – London 1983, 7–70. Der Anspruch wird ausführlich vertreten von E. Le Roy Ladurie, *Le territoire de l'historien,* 2 Bde., Paris 1973–78.

44 Fogel a. O., 26.

45 Berlin, »Scientific History«, 118–119.

46 M. I. Finley, »›Progress‹ in Historiography«, *Daedalus* 106, 1977, 125–142, hier 139.

47 Fogel, »›Scientific‹ History«, 48.

48 Fogel a. O., 67–69.

49 Zur Diskussion über neue Narrationsverfahren in der Geschichtswissenschaft s. L. Stone, »The Revival of Narrative: Reflections on a New Old History«, *Past and Present* 85, 1979, 3–24 mit den Entgegnungen von E. J. Hobsbawm, *Past and Present* 86, 1980, 3–8 und P. Abrams, *Past and Present* 87, 1980, 3–16.

50 M. Mandelbaum, »A Note on History as Narrative«, *History and Theory* 6, 1967, 413–419, hier 417.

51 Fogel, »›Scientific‹ History«, 69–70.

52 Für ein Hinweis auf die Breite der Möglichkeiten s. die Kapitel von A. M. Snodgrass, Y. Garlan, C. Goudineau, A. Tchernia, G. Pucci und A. Carandini in: P. Garnsey–K. Hopkins–C. R. Whittaker (Hrsg.), *Trade in the Ancient Economy,* London – Berkeley 1983; oder S. C. Humphreys, »Family Tombs and Tomb-Cult in Classical Athens«, *JHS* 100, 1980, 96–126, jetzt in: dies., *The Family, Women and Death,* London 1983, Kapitel 5.

53 R. J. Chorley–P. Haggett (Hrsg.), *Socio-Economic Models in Geography,* London 1968 (gekürzte Taschenbuchausgabe), 22. Für den Kommentar von seiten eines marxistischen Wirtschaftshistorikers s. W. Kula, *An Economic Theory of the Feudal System,* London 1975, Kapitel 2.

54 Weber, *Aufsätze zur Wissenschaftslehre,* 191. Daß bei Weber selbst Schwierigkeiten bei dem Aufbau von Idealtypen entstehen, besonders gegen Ende seines Lebens, ist eine andere Frage; s. u. Kapitel 6 in Hinblick auf den griechischen Stadtstaat.

55 J. Beloch, *Die Bevölkerung der griechisch-römischen Welt*, Leipzig 1886 (NDr New York 1979), 259.

56 P. M. Fraser, *Ptolemaic Alexandria* Bd. 1, Oxford 1972, 91 und die lange Anm. 358.

57 Dazu und zum folgenden s. E. A. Wrigley, »A Simple Model of London's Importance in Changing English Society and Economy, 1650–1750«, in: P. Abrams–E. A. Wrigley (Hrsg.), *Towns in Societies*, Cambridge 1978, 215–243.

58 S. A. Jähne, »Die *Alexandreon Chora*«, *Klio* 63, 1981, 63–103, und allgemeiner P. Briant, »Colonisation hellénistique et populations indigènes«, *Klio* 60, 1978, 57–92.

59 T. E. Salmon, *Samnium and the Samnites*, Cambridge 1967, 50.

60 G. Alföldy, *Noricum*, London – Boston 1974, 43.

61 Weber, *Aufsätze zur Wissenschaftslehre*, 195.

62 J. V. A. Fine, *Horoi* (Hesperia Suppl. 9), Cambridge/Mass. 1951, V–VI.

V. Krieg und Herrschaft

1 Dieses Kapitel ist zuerst auf deutsch erschienen unter dem Titel »Krieg und Herrschaft«, *HZ* 259, 1984, 286–308, sowie in gekürzter Form auf italienisch in *Prometeo*, Dezember 1984, 72–79 (die vorliegende Fassung ist geringfügig verändert und erweitert, Anm. d. Übers.).

2 Die glatte Verneinung dieser Tatsache durch W. Nestle, »Der Friedensgedanke in der antiken Welt« (*Philologus Suppl.* 31, 1), Berlin 1938 steht in offensichtlichem Widerspruch zu dem, was er selbst schreibt, und vermischt Fakten über den Krieg im Altertum mit verschiedenen antiken Werturteilen über die Moral der Kriegsführung.

3 M. Launey, *Recherches sur les armées hellénistiques*, 2 Bde. (Bibliotheque des Écoles françaises d'Athènes et Rome 169), Paris 1949–50, hier Bd. 2, 1807.

4 Die beiden Berechnungen stammen von P. A. Brunt, *Italian Manpower 225 BC–AD 14*, Oxford 1971, Teil IV sowie K. Hopkins, *Conquerors and Slaves*, Cambridge 1978, 32–35. Die Quellen sind zugegebenermaßen völlig unzureichend und problematisch, die Art und Weise, wie Brunt mit den Angriffen umgeht, scheinen mir die Aussagen, um die es mir hier geht, nicht ernsthaft zu gefährden; für einen dieser Angriffe s. F. Gschnitzer, »Das System der römischen Heeresbildung im Zweiten Punischen Krieg«, *Hermes* 19, 1981, 59–85.

5 J. Burckhardt, »Weltgeschichtliche Betrachtungen«, *Sämtliche Werke* Bd. 4, Basel – Stuttgart 1978, 118–119. Vgl. die antiken Zeugnisse, die H. Fuchs, »Der Friede als Gefahr – Der Zweiten Einsiedler Hirtenge-

dicht«, *Harvard Studies in Classical Philology* 63, 1958, 563–585 zusammengestellt hat.

6 A. Momigliano, »Some Observations on Causes of War in Ancient Historiography«, in: ders., *Secondo controbuto alla storia degli studi classici*, Rom 1960, 13–38, jetzt in: ders., *Studies in Historiography*, London 1966, Kapitel 7; vgl. die Einleitung in Y. Garlan, *War in the Ancient World*, London 1975. Letzterer bemerkt (17), daß »Krieg niemals den Titel oder das Thema für eine philosophische Abhandlung aus der Antike abgegeben hat«.

7 Momigliano a.O., 19–21.

8 E. B. McNeil (Hrsg.), *The Nature of Human Conflicts*, Englewood Cliffs/N. J. 1945, zitiert bei J. R. Hale, »Sixteenth-Century Explanations of War and Violence«, *Past and Present* 51, 1971, 3–36, hier 7, Anm. 7, der hinzufügt, daß die »Situation sich seit 1945 nicht wesentlich verändert hat«.

9 Zu den psychologischen Implikationen der Gladiatorenspiele s. K. Hopkins, *Death and Renewal*, Cambridge 1983, Kapitel 1; über Piraterie s. vor allem Y. Garlan, »Signification historique de la piraterie grecque«, *Dialogues d'histoire ancienne* 4, 1978, 1–16, und für einen besonderen Fall R. Brulé, *La piraterie crétoise hellénistique* (Annales litteraires de l'Université de Besançon 223, Centre de recherches d'histoire ancienne 27), Paris 1978.

10 Leider kann mich die sehr viel positivere Bewertung des Werks von Delbrück bei K. Christ, *Von Gibbon zu Rostovtzeff*, Darmstadt 1972, Kapitel 8 nicht überzeugen.

11 S. Y. Garlan, »Eléments de polémologie marxiste«, in: *Mélanges Georges Daux*, Paris 1974, 139–145.

12 K. Marx, *Grundrisse der Kritik der politischen Ökonomie*, Berlin 1953, 378 und 391.

13 P. Anderson, *Von der Antike zum Feudalismus. Spuren der Übergangsgesellschaften*, Frankfurt 1978, 30 und 72.

14 Vgl. Brunt, *Manpower*; Hopkins, *Conquerors*, Kapitel 1; W. V. Harris, *War and Imperialism in Republican Rome*, Oxford 1979, Kapitel 2; und bereits M. Weber, »Agrarverhältnisse im Altertum«, in: ders., *Gesammelte Aufsätze zur Sozial- und Wirtschaftsgeschichte*, Tübingen 1924, 1–288, hier 271–278.

15 E. Ciccotti, *La guerra e la pace nel mondo antico*, Turin 1901, 152.

16 Der Angriff von De Sanctis wurde mit dem Nachtrag in seinem *Per la scienza dell'antichità*, Torino 1909, 231–299, veröffentlicht, und das Ganze wurde dann wieder in G. De Sanctis, *Scritti minori*, hrsg. v. A. Ferrabino–S. Accame, Rom 1972, 203–249 abgedruckt. In der Einleitung zu dem erstgenannten Band nennt De Sanctis dieses Buch »un libro di battaglia«. Das Zitat von Croce findet sich in B. Croce,

Storia della storiografia italiana nel secolo decimonono Bd. 2, Bari 1921, 233–235. S. auch L. Polverini, »Gaetano De Sanctis recensore«, *Annali della Scuola Normale Superiore di Pisa* ser. 3, 3, 1973, 1071–1075.

17 Die ausführlichste Darstellung ist Justin 9,1–20; für andere Belegstellen, die auf den zeitgenössischen Historiker Theopomp zurückgehen, und für eine ausführliche Untersuchung s. A. Momigliano, »Della spedizione scitica de Filippo alla spedizione scitica di Dario«, *Athenaeum* n. s. 11, 1933, 336–359, jetzt: in ders., *Quinto contributo alla storia degli studi classici* Bd. 2, Rom 1975, 485–510.

18 Harris, *War*, 74.

19 Ich folge A. Aymard, »Le partage des profits de guerre dans les traités d'alliance antiques«, in: ders., *Études d'histoire ancienne*, Paris 1967, 499–512, und ziehe es vor, das Wort ›Gewinn‹ statt des eher abwertenden ›Beute‹ zu benutzen, weil ersteres die Verhältnisse genauer erfaßt, denn es handelt sich nicht nur um Geld und andere bewegliche Güter, sondern auch um Gefangene und überhaupt alles, was man an Ort und Stelle finden konnte, sowie manchmal auch um hohe Kriegsentschädigungen und Territorium, das man aufgrund eines abschließenden Vertrags erhielt. S. des weiteren auch P. Ducrey, *Le traitement des prisonniers de guerre dans la Grèce antique*, Paris 1968, Kapitel 7 sowie die beiden Aufsätze von Y. Garlan und P. Ducrey in *Armées et fiscalité dans le monde antique* (Colloque CNRS 936), Paris 1977, 149–164 und 421–434.

20 W. K. Pritchett, *The Greek State at War* Bd. 1, Berkeley 1971, 53. Die Feststellung gilt noch heute, obwohl das Thema im letzten Jahrzehnt auf größeres Interesse gestoßen ist.

21 S. die in Anm. 19 genannten Werke.

22 E. Gruen in einer Rezension in *Journal of Interdisciplinary History* 4,2, 1973, 274.

23 So z. B. R. Sealey, »The Origin of the Delian League«, in: E. Badian (Hrsg.), *Ancient Society and Institutions. Studies presented to Victor Ehrenberg*, Oxford 1966, 233–255, hier 253: »Der Delisch-Attische Seebund wurde wegen Auseinandersetzungen um Kriegsbeute gegründet, und sein Ziel war, mehr Beute heranzuschaffen«. Dagegen K. Raaflaub, »Beute, Vergeltung, Freiheit? Zur Zielsetzung des Delisch-Attischen Seebundes«, *Chiron* 9, 1979, 1–22; A. H. Jackson, »The Original Purpose of the Delian League«, *Historia* 18, 1969, 12–16. Über Handelsinteressen, die von anderen gerne als Beweggrund genannt werden, braucht kein Wort mehr verloren zu werden.

24 Q. Wright, *A Study of War* Bd. 1, Chicago 1942, 220–221 und 239.

25 M. Amit, *Great and Small Poleis*, Brüssel 1973, 7–8.

26 G. E. M. de Ste. Croix, *The Origins of the Peloponnesian War*, London 1972, 213–220.

27 S. mein »Empire in the Graeco-Roman World«, *Greece and Rome* n.s. 25, 1978, 1–15 (mit Bibliographie). Ein vernichtender Angriff auf die Theorie von der Selbstvergessenheit findet sich bei Harris, *War;* für ein Nachhutgefecht zu ihrer Verteidigung s. die Rezension zu Harris von A. N. Sherwin–White in *JRS* 80, 1980, 177–181.

28 S. de Ste. Croix, *Origins,* 34–43.

29 T. T. B. Ryder, *Koine Eirene,* Oxford 1965, 92.

30 Eine nützliche Zusammenfassung zu Demosthenes und Isokrates bietet die Aufsatzsammlung bei S. Perlmann (Hrsg.), *Philip and Athens,* Cambridge–New York 1973.

31 G. Cawkwell, *Philip of Macedon,* London – Boston 1978, 19. Vgl. zu den Reden Ciceros R. G. M. Nisbet, »The Speeches«, in: T. A. Dorey (Hrsg.), *Cicero,* London 1969, 47–79, hier 78: »Er [Cicero] verteidigte Anliegen, die es nicht wert waren, allein um kurzfristiger Erfolge willen bei einer Zuhörerschaft, die er verachtete. Er setzte oft unechte Gefühle als Mittel ein, so daß man kaum noch feststellen kann, wann er aufrichtig ist. Er benutzte seine außerordentliche Begabung eher dazu, Handlungen zu verhindern als sie zu unterstützen.«

32 Die Auszahlung großer Beiträge aus der Finanzreserve sind es, die Thukydides die Angabe einer Gesamtsumme ermöglichen; im Gegensatz dazu ist er unfähig, auch nur eine Vermutung darüber zu äußern, wieviel die Sizilische Expedition gekostet haben könnte (6,81).

33 Die Übersetzung ist nicht zweifelsfrei, und die ganze Passage ist sehr verwirrend und undurchsichtig. Was ich im unmittelbar folgenden sage, ist jedoch eine annehmbare Schlußfolgerung aus dem Wortlaut des Thukydides, wie immer man den Text auch auffaßt.

34 Die Formulierung stammt von Pritchett, *Greek State at War,* Bd. 1, 29. Er meinte speziell griechische Heere des 4. und 3. Jahrhunderts v. Chr., doch die Unterschiede zu früheren (oder späteren, einschließlich römischen) Heeren lagen nicht in der zeitlichen Differenz, sondern in der zunehmenden Gewohnheit, Kriege in weiterer Entfernung und auf längere Dauer zu führen.

35 Zu Sold und Versorgung s. Pritchett, *Greek State at War,* Bd. 1, Kapitel 1 und 2; Garlan, *War,* 134–145; Cl. Nicolet, *Le métier de citoyen dans la Rome républicaine,* Paris 1976, 156–166.

36 So die Tabelle bei Brunt, *Italien Manpower,* 394, wieder abgedruckt bei Nicolet, *Métier, 163–164.*

37 I. Shatzman, »The Roman General's Authority over Booty«, *Historia* 21, 1972, 177–205, ist wichtig trotz seiner absichtlichen engen Beschränkung auf die rechtliche Frage.

38 A. H. M. Jones, *Athenian Democracy,* Oxford 1957, 167–176.

39 J. G. Droysen, *Historik,* hrsg. v. R. Hübner, Darmstadt³ 1958, 35–36.

40 Ed. Meyer, *Forschungen zur Alten Geschichte,* Bd. 2, Halle 1899, 296–333.

41 Es erscheint mir als ein verzweifelter Versuch, wenn man als Argument die kurze Bemerkung des Andokides (3,8) heranzieht, daß man »der Megarer wegen in den Krieg ginge«, wenn doch alles andere ›Historische‹ in dieser Rede bekanntermaßen ungenau ist.

VI. Max Weber und der griechische Stadtstaat

1 Dieses Kapitel ist die überarbeitete Fassung eines Vortrags, der im Rahmen der Sektion über Max Weber auf dem 16. Internationalen Historikerkongreß in Stuttgart am 25. August 1985 gehalten wurde.

2 A. Heuss, »Max Webers Bedeutung für die Geschichte des griechisch-römische Stadtstaats«, *HZ* 201, 1965, 529–556, hier 554 und 538.

3 E. Narducci, »Max Weber fra antichità e mondo moderno«, *Quaderni di storia* 14, 1981, 31–77, hier 31.

4 M. I. Finley, *Die antike Wirtschaft*, München² 1983; ders., »The Ancient City: from Fustel de Coulanges to Max Weber and beyond«, *Comparative Studies in Society and History* 19, 1977, 305–327, jetzt in: ders., *Economy and Society in Ancient Greece*, hrsg. v. B. D. Shaw–R. P. Saller, London – New York 1982, Kapitel 1.

5 J. Hasebroek, *Staat und Handel im alten Griechenland*, Tübingen 1928; ders., *Griechische Wirtschafts- und Gesellschaftsgeschichte bis zur Perserzeit*, Tübingen 1931; s. M. I. Finley, »Classical Greece«, in: *Proceedings of the 2nd International Conference on Economic History 1962*, Paris – Den Haag 1965 (NDr New York 1979), 11–35; Ed. Will, »Trois quarts de siècle de recherches sur l'économie grecque«. *Annales E. S. C.* 9, 1954, 7–22. Die wichtigsten Arbeiten der sogenannten *oikos*-Kontroverse sind wiederabgedruckt in M. I. Finley (Hrsg.), *The Bücher–Meyer Controversy*, New York 1979.

6 Ein gutes Beispiel ist Helmut Berve; vgl. seine »*Griechische Geschichte*«, Bd. 1, Freiburg 1931, 128; keinerlei Stellungnahme findet sich hingegen in: *Die Tyrannis bei den Griechen*, 2 Bde., München 1967.

7 C. G. Starr, *The Economic and Social Growth of Early Greece 800–500 BC*, New York 1977, 16–17. In seinen Anmerkungen lobt Starr immer wieder solche Arbeiten als ›ausgewogen‹, die alle theoretischen Positionen und Verallgemeinerungen stets nach dem Schema ›einerseits–andererseits‹ beurteilen.

8 Ich habe versucht, das Problem der Konsumentenstadt noch einmal kurz in einem zusätzlichen Kapitel für die Neuausgabe von *The Ancient Economy* (Berkeley – London² 1985) darzustellen. Ich will hier nicht mehr näher auf dieses Thema eingehen und erwähne lediglich die Kritik am Konzept der antiken Konsumentenstadt von P. Leveau und

die Erwiderung von C. Goudineau, *Études rurales* 89–91, 1983, 275–289.

9 W. Mommsen, *Max Weber, Gesellschaft, Politik und Geschichte*, Frankfurt 1974, 224–225. Vgl. P. Anderson, *Die Entstehung des absolutistischen Staates*, Frankfurt 1979, 531 f., Anm. 22, über den »wachsenden Formalismus seines Spätwerks« und das Fehlen »einer wirklich *historischen* Theorie« nach seinen »bahnbrechenden ersten Arbeiten zur Antike«.

10 Das Thema ist umstritten: vgl. die nuancierten Meinungsunterschiede zwischen Mommsen, *Max Weber*, 197–217, 224–232 und J. Kocka, »Kontroversen über Max Weber«, *Neue politische Literatur* 21, 1976, 281–301, hier 283–292.

11 Für Literaturhinweise s. D. Roussel, *Tribu et cité* (Annales litteraires de l'Université de Besançon 193, Centre de recherches d'histoire ancienne 23), Paris 1976, 3–25.

12 M. Weber, »Agrarverhältnisse im Altertum«, in: ders., *Gesammelte Aufsätze zur Sozial- und Wirtschaftsgeschichte*, Tübingen 1924, 1–288, hier 95–97; ders., *Wirtschaft und Gesellschaft*, hrsg. v. J. Winckelmann, Tübingen[5] 1972, 219, 769.

13 Vgl. V. Ehrenberg, *L'état grec*, hrsg. v. Ed. Will, Paris 1976, 37 (die jüngste Ausgabe eines ursprünglich 1932 auf deutsch veröffentlichten Buches); Hasebroek, *Wirtschaftsgeschichte, insbesondere 90–100*.

14 F. Càssola, *La Ionia nel mondo miceneo*, Neapel 1957, 246–256; A. Andrewes, »Phratries in Homer«, *Hermes* 89, 1961, 129–140.

15 Roussel, *Tribu et cité*; vgl. F. Bourriot, *Recherches sur la nature du genos*, 2 Bde., Paris 1976.

16 *Revue historique* 259, 1978, 509–515.

17 Weber, *Wirtschaft und Gesellschaft*, 240 und 238.

18 Nichts anderes hat Weber auf einigen scharfsinnig formulierten Seiten versucht: *Wirtschaft und Gesellschaft*, 235–242.

19 Es genügt, hier H. J. Wolff, »Die Grundlagen des griechischen Eherechts«, *Tijdschrift voor Rechtsgeschiedenis* 20, 1952, 1–54 zu zitieren. Ich habe mich mit Nachdruck gegen die Vorstellung eines einzigen einheitlichen griechischen Rechts gewandt in »The Problem of the Unity of Greek Law«, in meinem *The Use and Abuse of History*, London – New York 1975, 134–152, aber ich muß einräumen, daß die griechischen Rechtshistoriker meine Argumente im allgemeinen verworfen haben.

20 R. J. Littman, »Kinship in Athens«, *Ancient Society* 10, 1979, 5–31.

21 S. z. B. W. J. Mommsen, *The Age of Bureaucracy*, Oxford 1974, 15–17. Es wird dem Leser einige Mühe beim Auffinden der Zitate bei Weber ersparen, wenn ich Stellenangaben zu diesem Thema gebe. Die letzte Darstellung der legitimen Herrschaft, die noch Weber selbst für die Publikation vorbereitet hat, ist die in Teil 1 von *Wirtschaft und*

Gesellschaft, 122–176. Das lange Kapitel 9 dieses Werks (541–868) ist
von dem Herausgeber aus schon veröffentlichtem und bislang unveröf-
fentlichtem Material zusammengestellt worden. Es gibt auch einen
posthum von seiner Witwe veröffentlichten Aufsatz: »Die drei reinen
Typen der legitimen Herrschaft«, *Preussische Jahrbücher* 187, 1922,
1–22, den der Herausgeber fälschlicherweise in die 4. Auflage von
Wirtschaft und Gesellschaft aufgenommen und dann in der 5. Auflage
wieder weggelassen hat (um ihn in die 3. Auflage der *Wissenschaftslehre*
einzufügen). T. Schieder hat gegen die Manipulation mit Webers posthum veröffentlichten Arbeiten protestiert (*Geschichte in Wissenschaft
und Unterricht* 9, 1958, 649–654), und auch W. J. Mommsen hat das
mehrmals getan, z. B. *HZ* 211, 1970, 616–618.

22 Weber, *Wirtschaft und Gesellschaft*, 156.

23 Zitiert aus M. Weber, *Gesammelte Aufsätze zu Wissenschaftslehre*,
Tübingen³ 1968, 483.

24 Weber, *Wirtschaft und Gesellschaft*, 780–783. An einer Stelle (783) wird
von dem athenischen Demagogen der perikleischen Zeit gesagt, seine
Stellung sei nicht »legitim« und »nicht einmal legal«, weil seine Autorität allein auf »persönlichem Einfluß und Vertrauen des Demos« beruhe. Ich bin nicht in der Lage, diese Aussage mit der Darstellung des
Charisma an anderer Stelle in Einklang zu bringen.

25 Genau das wird in Weber, *Wirtschaft und Gesellschaft*, 156, gesagt.

26 Mommsen, *Bureaucracy*, 83–85. Vgl. J. G. Merquior, *Rousseau und
Weber*, London – Boston 1980, Kapitel 7.

27 M. I. Finley, »Athenische Demagogen«, *Das Altertum* 11, 1965, S. 67ff.

28 Mommsen, *Bureaucracy*, 88.

29 W. Hennis, »Zum Problem der deutschen Staatsanschauung«, *Viertel-
jahresschrift für Zeitgeschichte* 7, 1959, 3–23. Es scheint mir erwähnenswert, daß Mommsen diesen Aufsatz mehrmals und grundsätzlich
zustimmend zitiert.

30 O. Hintze, »Max Weber's Soziologie«, *Schmollers Jahrbuch* 50, 1926,
83–95; O. Brunner, »Bemerkungen zu den Begriffen ›Herrschaft‹ und
›Legitimität‹«, in: *Festschrift für Hans Sedlmayer*, München 1962,
116–133.

31 Vgl. den langen Nachtrag (442–477) in W. J. Mommsen, *Max Weber
und die deutsche Politik*, Tübingen² 1974.

32 Mommsen, *Bureaucracy*, 80.

33 S. Q. Skinner, »The Empirical Theorists of Democracy and their Cri-
tics«, *Political Theory* 1, 1973, 287–305.

34 M. I. Finley, *Antike und moderne Demokratie*, Stuttgart 1980, Kap. 1.

35 Mommsen, *Bureaucracy* 80.

36 Weber, *Wirtschaft und Gesellschaft*, 155–156.

37 M. Weber, *Gesammelte Aufsätze zur Religionssoziologie*, Bd. 1, Tübingen⁴ 1947, 2 und 11.

38 Weber, *Wirtschaft und Gesellschaft,* 455; vgl. 505.

39 Die Formulierung stammt von Hans Julius Wolff, dem besten und einflußreichsten Erforscher des griechischen Rechts, den es in unseren Tagen gegeben hat: H. J. Wolff, »Griechische Rechtsgeschichte als Anliegen der Altertumswissenschaft und der Rechtswissenschaft«, in: ders., *Opuscula dispersa,* Amsterdam 1974, 15–25.

40 Das damals beste Werk war in französischer Sprache, und ich habe keinen Anhaltspunkt dafür, daß Weber es kannte; ebensowenig scheint er Kenntnis von wichtigen Werken in deutscher Sprache gehabt zu haben über L. Mitteis, *Reichsrecht und Volksrecht* hinaus, und das beschäftigte sich hauptsächlich mit der späten Kaiserzeit und nicht mit dem griechischen Stadtstaat.

41 Weber, *Wirtschaft und Gesellschaft,* 158.

42 Weber, *Wirtschaft und Gesellschaft,* 810.

43 Man beachte, wie häufig Max Rheinstein in den Anmerkungen seiner wichtigen englischen Ausgabe (*Max Weber on Law and Society,* Cambridge/Mass. 1954) darauf hinweist.

44 Weber, *Wirtschaft und Gesellschaft,* 470–471, 510, 563–564 z. B.

45 Weber, *Wirtschaft und Gesellschaft,* 563–564.

46 Als Beispiel für ein neueres Urteil eines Rechtshistoriker s. M. Talamanca in M. Bretone–M. Talamanca. *Il diritto in Grecia e Roma,* Bari 1981, 19–29.

47 Weber, *Wirtschaft und Gesellschaft,* 158.

48 Weber, *Wirtschaft und Gesellschaft,* 464–467.

49 Weber, *Wirtschaft und Gesellschaft,* 564 und 657.

50 Eine völlig neue Interpretation von Hammurabi und von seinem ›Kodex‹ (eine unzutreffende Bezeichnung) gibt jetzt J. Bottéro, »Le ›Code‹ de Hammu-rabi«, *Annali della Scuola Normale Superiore di Pisa* ser. 3, 12, 1982, 409–444.

51 Weber, *Wirtschaft und Gesellschaft,* 158 hat geschrieben, daß die einzige römische Entsprechung zu den attischen Gerichtsreden die Reden Ciceros in politischen Prozessen seien; doch das ist nicht ganz richtig, denn es gibt nirgendwo eine Parallele zu der literarischen Gattung der attischen Gerichtsrede. Daher gibt es auch keine Basis für ein Urteil darüber, ob das Verhalten athenischer Advokaten einzigartig war oder nicht.

52 S. M. I. Finley, *Das politische Leben in der antiken Welt,* München 1986, 171–178.

53 Vgl. insbesondere H. Meyer–Laurin, *Gesetz und Billigkeit im attischen Prozeß,* Weimar 1965; J. Meinecke, »Gesetzesinterpretation und Gesetzesanwendung im attischen Zivilprozeß«, *Revue internationale des droits de l'antiquité* 3. ser., 18, 1971, 275–360.

54 D. Cohen, *Theft in Athenian Law* (Münchener Beiträge zur Papyrusforschung 74), München 1974, vor allem die Prolegomena; M. I. Finley,

Studies in Land and Credit in Ancient Athens, New Brunswick 1952 (NDr 1985), vor allem 113–117.

55 L. Gernet, »L'institution des arbitres publics à Athènes«, *REG* 52, 1939, 389–414, jetzt in: ders., *Droit et société dans la Grèce ancienne*, Paris 1955 (NDr 1964), 103–119, hier 114.

56 Die grundlegende Untersuchung bleibt A. Steinwenter, *Die Streitbeendigung durch Urteil, Schiedsspruch und Vergleich nach griechischem Recht* (Münchener Beiträge zur Papyrusforschung 8), München 1925.

57 Moderne Juristen haben sich über diesen Text den Kopf zerbrochen, darunter auch S. Huwardas, der am Ende auf die richtige, einfache Erklärung zurückkommt: S. Huwardas, »Über die Vergleiche und die privaten Schiedssprüche nach attischem Recht«, *Zeitschrift für vergleichende Rechtswissenschaft* 49, 1939, 289–335, hier 311–321.

58 Gernet, *L'institution des arbitres*, 113.

Nachwort

1 Eine umfangreiche Würdigung, auf die sich diese Zeilen zum Teil stützen können, haben die Herausgeber B. D. Shaw und R. P. Saller einem Sammelband mit Arbeiten Finleys vorangestellt: M. I. Finley, *Economy and Society in Ancient Greece*, London 1981, IX–XXVI.

2 Man vgl. seine Bemerkung S. 155, Anm. 19, und S. 120ff.

3 Zu Polanyi vgl. S. C. Humphreys, Einleitung, in: K. Polanyi, *Ökonomie und Gesellschaft*, Frankfurt 1979, 7–59.

4 Mit der wichtigen Ausnahme von Alfred Heuss.

5 M. I. Finley, *Die antike Wirtschaft*, München² 1980, 63 in dem Kapitel ›Stände und Status‹.

6 Shaw–Saller a.O., XVIII halten dies für einen Einfluß der Ideen Horkheimers.

7 So kürzlich auch W. Nippel, ›Die Kulturbedeutung der Antike. Marginalien zu Weber‹, in: J. Kocka (Hrsg.), *Max Weber und der Historiker*, Göttingen 1986, der eben diese Intentionen Webers verdeutlicht.

8 Dazu H. Bruhns, ›De Werner Sombart à Max Weber et Moses I. Finley: La typologie de la ville antique et la question de la ville de consommation‹, in: P. Leveau (Hrsg.), *Les origines des richesses dépensées dans la ville antique*, Aix-en-Provence 1985, 255–273.

9 Vor allem Eduard Meyer; man vgl. dagegen z. B. seine Aufwertung J. G. Droysens als Methodiker.

Jacques Heers

Vom Mummenschanz zum Machttheater
Europäische Festkultur im Mittelalter

350 Seiten. Leinen

Ist das Mittelalter in Wahrheit jene fremde, streng geregelte Welt gewesen, als die sie uns heute erscheint? Wir bestaunen seine religiösen Denkmäler, seine Kunsterzeugnisse und die anscheinend unangefochtenen Heilsgewißheiten, die wir in ihm verkörpert sehen. Aber nicht nur Kirchenherrschaft, Minnesang und Ritterordnung haben dieses Zeitalter bestimmt; es war auch eine Ära der kollektiven Ängste und der kulturellen Unruhe. Jacques Heers beschreibt die Doppelgesichtigkeit des Mittelalters am Beispiel der großen gemeinschaftlichen Vergnügungen, der Festlichkeiten und Umzüge, der Turniere und kirchlichen Riten.

»Jetzt liegt ein Buch zur Kultur des Mittelalters vor, welches das fiebrige Modegerede ganz aus sich vertrieben hat, das aufregende Entdeckungen bereithält . . .
Heers' Werk fasziniert vor allem durch die Stringenz, mit der er zeigt, daß die ästhetische Verwandlung religiöser Inhalte auch als soziale Veränderung plausibel gemacht werden kann.«

Frank Schirrmacher in der *Frankfurter Allgemeinen Zeitung*

S. Fischer

fi 610 / 1